R&B

Marc Fischer

HOBALALA

Auf der Suche nach João Gilberto

ROGNER&BERNHARD

1. Auflage, April 2011

ISBN 978-3-8077-1072-3
www.rogner-bernhard.de

Lektorat: Evelin Schultheiß, Ahrensburg
Umschlaggestaltung: Walter Schönauer, Berlin
Layout und Herstellung: Leslie Driesener, Berlin
Gesetzt aus der Stempel Garamond
durch omnisatz GmbH, Berlin
Druck und Bindung: CPI – Clausen & Bosse, Leck
Printed in Germany 2011

Für Chon Choi

I'm being followed by a Moonshadow
Moonshadow, Moonshadow

Cat Stevens

Prolog: Über João

Ich bin ein Mann von dreiundachtzig Jahren, und mein Gedächtnis und mein Englisch sind auch so alt.

Ich traf JG etwa 1949, er war achtzehn, ich zweiundzwanzig. Er wollte Sänger werden, wusste aber nichts über amerikanische Musik. Ich besaß viele Schallplatten, da ich eine Zeitlang in den USA gelebt hatte. João hörte dieselben Platten immer wieder, Instrumentals vor allem.

Er war ein Träumer und Romantiker, nie ein Rebell. Bücher konnten nichts für ihn tun. Was er wollte, war tief in seinem Kopf, und er redete nicht darüber. Er hört gern Nachrichten, aber spricht nicht über sich.

Was die Frauen angeht, war er schüchtern, ist es bis heute. Ich glaube, er war immer schon Einzelgänger. Er mag Fußball und Astrologie.

Früher waren wir Freunde, aber inzwischen hat uns das Leben oder das Schicksal oder wie immer man es nennen soll, voneinander getrennt. Ich weiß nicht, ob er glücklich ist oder nicht. Er lebt sehr zurückgezogen.

Es tut mir leid, dass ich nur so wenig zu sagen habe.

Jorge Cravo

Der Turm

Das ist es. Ist es das?

Ein Turm in Rio de Janeiro, groß, grau, brutal, dreißig Stockwerke hoch: das »Rio Flat Apart Hotel«.

»Hier wohnt er«, sagt Watson. »Jetzt geh rein und hol ihn dir, Sherlock!«

Es ist ein achteckiger Hotelkomplex aus den siebziger Jahren, wie ein Pfahl zwischen die Geschäftszeilen von Rios Reichenviertel Leblon gerammt: 256 Apartments, im Schnitt knapp 60 Quadratmeter groß, mit Blick über die Strandbuchten Leblons und Ipanemas bis zum Zuckerhut oder rüber zur Christusfigur auf dem Corcovado.

Er kann Jesus sehen, denke ich.

In einem dieser Zimmer wohnt ein seltsamer alter Mann mit einer ziemlich großen Brille. Er ist weltberühmt, jeder kennt seine Lieder und könnte sie aus dem Stegreif vorpfeifen, aber kaum einer würde ihn auf der Straße erkennen. Es liegt daran, dass der Mann nie auf die Straße geht. Seit dreißig Jahren versteckt er sich in seinem Zimmer und lebt den Menschen entgegengesetzt: Er steht auf, wenn alle anderen schlafen gehen; er legt sich hin, wenn alle anderen aufstehen, wie ein Gespenst. Kaum jemand bekommt ihn je wirklich zu Gesicht.

Irgendwo dort oben wohnt João Gilberto – der Sänger und Gitarrist, der der Welt vor über fünfzig Jahren die Musik der Bossa Nova geschenkt hat – »Girl from Ipanema« zum Beispiel – und seitdem schweigt.

Ihn wollen wir finden, Watson und ich.

»Gute Arbeit, Watson!«

Lächelnder Watson, der eigentlich gar nicht Watson heißt, ja nicht einmal ein Mann ist er. Es handelt sich um meine treue Gefährtin Rachel, den schnellsten Spürhund und die sprachmächtigste Übersetzerin von Rio de Janeiro, denn selbstverständlich spreche ich kein Wort Portugiesisch. Sie ist eine libanesisch-brasilianische Jüdin mit einem Teufelstattoo auf der Wade, wiegt doppelt so viel wie ich, mag Frauen lieber als Männer, und vom ersten Augenblick an wusste ich: Sie ist mein Watson. Wie besser könnt' sie's unter Beweis stellen, als mir das Hotel des angeblich unauffindbaren João Gilberto schon vier Tage nach meiner Ankunft zu servieren?

Rein ins Gebäude. Watson im wallenden Kleid mit Orchideenblüte im schwarzen Lockenhaar; ich bin detektivmäßig perfekt angezogen: kurze Hosen, ein mexikanischer Surfer-Strickpullover (ein sogenannter »Mexican Baha Surfer«), dazu einen Regenschirm in der Hand (weil Regenschirme Respekt einflößen und außerdem Schauer angesagt wurden, trotz Brasilien, trotz Sommeranfang).

Die Lobby ist das typische Messinginferno eines Apartment-Hotels; zweitausend Euro kosten die Zimmer mit Roomservice im Monat. Vor allem Singles oder Senioren mit Geld mieten sich hier ein: Schauspieler, Models, Fernsehmoderatoren,

Starlets, Geschäftsleute. Zweitausend Euro zahlt João für den Schuhkarton, der sein Leben zu sein scheint.

Sofort erscheinen Watson und ich auf den sechzehn Bildschirmen der Hotel-Überwachungsanlage. Der Concierge ist ein junger Smarter im Anzug, er heißt Amarildo.

»Guten Tag, wir wollen zu João Gilberto, dem weltberühmten Musiker«, sage ich.
»Ist vor über zehn Jahren in ein Apartmenthaus gezogen«, sagt Amarildo.
Entgeistert sehe ich Watson an.
»Und wo ist das?«
»Keine Ahnung«, sagt Amarildo.
Wütend sehe ich Watson an. Die zuckt die Schultern und macht einen »Was zur Hölle kann ich dafür«-Gesichtsausdruck.
»Aber Miúcha wohnt noch hier, seine Exfrau«, sagt Amarildo.

Zumindest eine Spur, immerhin. Mit Miúcha hat João von 1964 bis 1969 in New York gelebt. Sie ist seine zweite Exfrau. Die beiden haben eine Tochter zusammen, Bebel Gilberto, sie lebt als Sängerin in Manhattan. Joãos erste Exfrau ist die Sängerin Astrud Gilberto, die praktisch in den USA untergetaucht ist. Mit ihr hat er den Sohn João Marcelo, einen Musiker, der irgendwo in New Jersey lebt. Weder Astrud noch João Marcelo reagierten auf meine Anfragen, auch Bebel nicht. Miúcha vielleicht.

Sofort schreibe ich ihr einen Brief:

Liebe Miúcha,
mein Name ist Marc Fischer, ich komme aus Berlin und bin auf

der Suche nach João Gilberto und dem Herz der Bossa Nova,
die das Herz der Schönheit ist.
Können wir uns mal treffen?
Mit freundlichen Grüßen
M. F.

Der Fall

Warum einen Mann finden, der ganz offensichtlich nicht gefunden werden will? Warum Kontakt aufnehmen zu einem, der keinen Kontakt will?

Grund Nr. 1: Weil João Gilberto ein Rätsel ist. Weil nicht klar ist, was ihn antreibt oder ob ihn überhaupt noch etwas antreibt in seinem Hotelzimmer – oder wo immer sonst er gerade lebt. Weil es so viele seltsame Geschichten über ihn gibt, dass man nicht weiß, welche wahr sind und welche verfremdet, ausgedacht, erfunden:
Er soll die ganze Zeit Gitarre spielen – immer dieselben Lieder.
Er soll mit Katzen sprechen.
Er soll mit Toten sprechen.
Er soll den Mond anheulen.
Er soll, selbst mit engen Verwandten, nur über Zettel kommunizieren, die man ihm unter der Tür durchschiebt.
Er soll gar nicht kommunizieren.
Er soll eine seltsame Religion praktizieren.
Er soll Menschen so sehr hassen, dass er sie nicht ertragen kann.
Er soll Menschen so sehr lieben, dass er sie nicht ertragen kann.

Interviews gibt er nicht, seit Jahrzehnten schon nicht mehr. Musik veröffentlicht er auch kaum. Sein letztes Album *João Voz E Violão* (»João, Stimme und Gitarre«) kam 1999 raus, mit vielen alten Liedern drauf, so dass es fast schon nach Abschied klang. Dem Journalisten Ruy Castro hat er für dessen Buch

Chega de Saudade (deutsch: *Bossa Nova: Eine Geschichte der brasilianischen Musik)* vor über zwanzig Jahren ein paar Geschichten am Telefon erzählt und es gleich wieder bereut, als das Buch erschien, weil darin auch Marihuana und ein Kurzaufenthalt in der Psychiatrie vorkommen. Einmal hatte ein Reporter der *New York Times* es irgendwie geschafft, einen Termin zu bekommen, flog nach Rio und wartete eine Woche, bis João ihm über einen Mittelsmann ausrichten ließ, er würde ihm hier gern ein Haus kaufen, damit er Brasilien besser verstehen lerne, hätte aber gerade nicht genug Geld, weshalb der Reporter wieder abreisen könne. Ebenfalls zwanzig Jahre ist es her, dass er einer französischen Journalistin erlaubte, ihn zu besuchen. Es war Mitternacht, die Journalistin durfte sich mit ein paar João-Freunden die CD *João* anhören. João trank Champagner und redete wirres Zeug, wunderbares João-Zeug. Von den Sternen, »die sich drehen, sich drehen wie Lichter, Lichter wie die Sterne«. Von den Champagnerperlen, die »im Raum aufgehen, sehen Sie, sie sind schon überall, längst nicht mehr im Glas, im Raum, wie Töne, ach!«.

Joãos Rätselhaftigkeit und seine Abwendung von der Welt verstören viele Brasilianer. Einige sind genervt, obwohl er ihnen so viel Schönheit geschenkt hat wie sonst nur der Fußballer Pelé in seinen besten Momenten. Gehst du in irgendeinen Plattenladen, zum Beispiel »Modern Sound« in Copacabana, und fragst ein bisschen herum, bekommst du solche Kommentare zu hören:

»Verrückt. Verrückt, verrückt, verrückt!«
»Ach, hör mir auf mit João, der spinnt doch! Soll lieber mal Musik machen.«
»Komischer alter Mann mit einem wirklich großen Problem. Ein Fall für die Anstalt, wenn du mich fragst.«

»Nicht ganz dicht. Kommt nicht drüber weg, dass seine Zeit vorbei ist.«
»Er telefoniert zu viel. Soll über hundert Handys haben, hab ich gehört. Kein Wunder, dass er irre wird.«

Kopfschütteln, immer wieder, auch viel Enttäuschung ist dabei: Warum schenkt ihnen der größte Interpret des Landes nichts mehr? Mag er sein Volk nicht, fühlt er sich unverstanden? Er ist ein unerbittlicher Künstler, alles muss stimmen, wenn er alle Jubeljahre mal ein Konzert gibt: das Geld (angeblich über eine Million Dollar für drei, vier Shows), die Akustik, der Ort, die Temperatur, seine Laune, das Publikum. Und wenn das Publikum seiner Meinung nach mal nicht stimmt, wenn ihn irgendetwas stört, ein Geräusch, ein Detail, das Licht, ein Satz, steht er nach zwei Stücken auf, geht und kommt nie wieder.

»Sie mochten es nicht«, sagt er dann.

Zuletzt sorgte er für Aufregung, weil es hieß, er habe sich auf Facebook angemeldet und schon fünftausend Freunde. João Gilberto, bald achtzig Jahre alt, der Inbegriff des romantischen Künstlertyps, an einer Computertastatur über Freunde/Nichtfreunde entscheidend und YouTube-Videos und Statusmeldungen postend? »Völlig unmöglich!«, meinte halb Rio. Dann aber meldeten sich ein paar seiner Bekannten und erzählten, er müsse es doch sein, da in seinen Mitteilungen Fakten vorkämen, die nur er kennen könne: Familiengeschichten, Vorfälle, private Erlebnisse. Eine Reporterschar zog los, das Geheimnis zu erkunden – ohne Ergebnis. Noch von Berlin aus bewarb ich mich als Freund und schrieb ihm eine Nachricht, ich würde ihn gern treffen. Auch sonst probierte ich alle möglichen Kanäle, ehemalige Plattenfirmen, Manager, Konzertveranstalter etc. Nie wieder was gehört.

Ich will ihn also finden, weil nicht klar ist, ob es sich bei João um einen Irren, einen Exzentriker, ein Phantom, einen Unsichtbaren, einen Mönch oder einen Sonnenallergiker handelt.

Weil also gar nichts klar ist. Was macht er die ganze Zeit? Verweigert er sich seiner Kunst, er, der sie für sich so genau ausformuliert hat? Und wenn gar nichts klar ist, wenn einen die Fragen nachts aufwecken, weil man sie nicht lösen kann, dann muss man los. Dann muss man seine alte Gitarre einpacken, ein Flugzeug nach Rio nehmen, sich in irgendeine WG in Ipanema einmieten und auf die Suche machen nach Antworten.

Seit zwei Tagen wohne ich nun im »Ipanema Penthouse«, das ich im Internet gefunden habe, in einer WG zusammen mit:

– Sasha, einem französischen Immobilienmakler mit Lockenkopffrisur, der genauso aussieht wie Vinnie Chase, die Hauptfigur der amerikanischen Serie *Entourage*,
– Hannah, seiner Freundin, einem natürlich eisblonden norwegischen Model, das herzog, weil Sasha nur dank einer Sperrung seiner Kreditkarte den Air-France-Flug 447 verpasste, der am 1. Juni 2009 in den Atlantik stürzte – und weder Sasha noch Hannah je wieder diese Route fliegen wollen,
– Tim, einem jungen amerikanischen Banker,
– Lloyd, einem australischen Surfer mit der Art modellierten Brustmuskeln, wie sie sonst nur in Bret-Easton-Ellis-Büchern vorkommen, und der irgendwas zwischen »Modeln und Internet« macht, wie er sagt, und
– Laura, einer jungen Deutschen, die gerade nach einem Job sucht, weil sie mit ihrem Freund Cristian zusammenbleiben will, der eigentlich in Copacabana wohnt, aber die ganze Zeit bei uns auf der Dachterrasse sitzt.

Das sind meine Leute, hier in Rio. Sie und Watson. Sie alle wollen etwas: braun werden, reich werden, an den Strand. Ich will nicht an den Strand. Ich will nur João.

Grund Nr. 2 für meine Suche geht so:

É amor o hô-bá-lá-lá
Hô-bá-lá-lá uma canção
Quem ouvir o hô-bá-lá-lá
Terá feliz o coração

O amor encontrará
Ouvindo esta canção
Alguém compreenderá
Seu coração

Vem ouvir o hô-bá-lá-lá
Hô-bá-lá-lá
Essa canção

Ja, ganz genau.

Hobalala

Ein Japaner übertrug das Virus. Toshimitsu Aono.

Es war vor fünfzehn Jahren. Ich war mit einem Freund nach Tokio geflogen, weil ich jemanden vergessen wollte. Klappte nicht: Durch die Fremde Tokios dachte ich nur noch mehr an sie.

Irgendwann traf ich Toshimitsu. Er brachte damals eines jener Magazine heraus, wie sie zu der Zeit modern waren: mit vielen Turnschuhen und Terry-Richardson-Pornofotos drin. Eines Abends, beim Bier bei ihm zu Hause im Stadtteil Harajuku, fiel mir eine kleine Installation auf, die er auf sein Bücher-CD-Plattenregal gebaut hatte. Eine Art Schrein mit ein paar Zeitungsausrissen, Vinylsingles in weißem Papier, zwei, drei Fotos, dazu die berühmte japanische Winkekatze und eine Kerze.

Im Zentrum des Schreins stand eine Schallplatte. Auf dem Cover ein junger, etwas mürrisch blickender Mann mit dunklem, leicht krausem Haar im weißen Polopullover, das Kinn so auf die rechte Hand gestützt, dass sein Mund halb verdeckt war.

Sein Blick drückt Distanz aus. Er sagt: Ihr versteht mich nicht. Ich bin nicht wie ihr.

Der Mann war João Gilberto, und es war das Cover seines ersten Albums *Chega de Saudade* (»Schluss mit der Sehnsucht«), erschienen im Februar 1959. Der offizielle Startschuss der Bossa Nova.

»Kennst du ihn?«, fragte Toshimitsu.
»Das ist der Typ, der zusammen mit Stan Getz beim ›Girl from Ipanema‹ mitspielt, nicht wahr? Und seine Frau Astrud singt darauf.«
»Stimmt«, sagte Toshimitsu. »Aber das ist nur ein kleiner Teil der Geschichte; der, den jeder kennt. Tatsächlich handelt es sich bei dem Mann um einen der größten Künstler, der je gelebt hat. Ich spiel dir mal was vor.«

Toshimitsu griff nicht in die Installation, sondern in ein Regal daneben und zog genau die gleiche Platte heraus. Später erfuhr ich, dass er *Chega de Saudade* fünfmal besaß, für viel Geld auf Ebay ersteigert, weil João der Plattenfirma EMI verboten hat, *Chega de Saudade* und auch die folgenden Alben *O amor, o sorriso e a flor* (»Die Liebe, das Lächeln und die Blume«) und *João Gilberto* auf CD zu veröffentlichen. Seiner Meinung nach klingen sie falsch. Seiner Meinung nach hat man ihn betrogen. Dass diese Platten heute kaum zu bekommen sind, ist in etwa so, als würde J. D. Salingers *Fänger im Roggen* nicht mehr verlegt, und *Franny und Zooey* und *Neun Erzählungen* auch nicht.

Toshimitsu nahm die Platte aus der Hülle, hielt sie vorsichtig mit den Fingerkuppen, pustete den Staub weg und legte sie auf den Plattenspieler. Er hob den Tonarm, zog ihn zurück, bis es klickte, der Teller drehte sich. Toshimitsu setzte die Nadel auf eine Leerrille in der Mitte – erste Seite, viertes Lied. Es knackte kurz, dann ging es los.

Leichte, federnde Percussion. Ein Samba-Rhythmus, ganz trocken, wie mit den Fingerspitzen auf einem Eimer geklöppelt, aber trotzdem druckvoll. Von ganz weit weg eine Gitarre, nur wenige Töne,
dann eine Stimme:

Dju, ndju
bop n bo (höher)
Dju, ndju (tiefer)
Nbop nbo (höher)
– die Stimme ist sanft und warm, sie singt:
É amor o hô-bá-lá-lá
– die Gitarre wird deutlicher jetzt, tastet sich nach vorn, lässt ein paar Akkorde fallen –
Hô-bá-lá-lá uma canção (gesungen wie Eiscreme)
– eine Flöte kommt dazu, sie klingt wie ein Vogel –
Quem ouvir o hô-bá-lá-lá
– praktisch aus dem Nichts ein Klavier, das die Tonfolge aufnimmt, plätschernd, während die Gitarre lustig weiterschwebt –
Terá feliz o coração
O amor encontrará
Ouvindo esta canção
Alguém compreenderá
Seu coração
– Bläser dazu, die die letzten Silben wieder aufnehmen, schließlich alle Instrumente zusammen, auch die Stimme, sie legt sich zu der Musik, anders kann man's nicht sagen –
Vem ouvir o hô-bá-lá-lá
Hô-bá-lá-lá
Essa canção

Nach zwei Minuten und siebzehn Sekunden war es vorbei. Bevor das nächste Lied beginnen konnte, setzte Toshimitsu den Tonarm wieder zurück, kam zum Tisch, machte ein Bier auf und rührte in einer kalten Nudelsuppe.

Aber es war natürlich nicht vorbei. Die Musik war immer noch im Raum. Sie hatte sich mit den Gegenständen verbunden, mit der Luft, mit uns. Wie Joãos Champagnerperlen. Gerade *weil* sie so leise gewesen war, war sie noch da.

Das Virus war auf mich übergegangen.

Was wir gehört hatten, war die Essenz von etwas. Ein Ergebnis: Wie Hemingways Kurzgeschichten, als er die ganzen Adjektive rausstrich; wie Mies van der Rohes Bauten, als er alles Überflüssige wegließ; wie Glenn Goulds Klavierspiel, als er sich entschied, dazu zu summen.

»Manchmal denke ich, er ist gar kein Brasilianer, sondern Japaner«, sagte Toshimitsu. »Weil seine Ästhetik so reduziert ist, so knapp und genau und sich endlos wiederholend. Dazu singt er in einem anderen Tempo, als er spielt. Aber trotzdem kommt alles zusammen, als würde ein komplett neues Instrument entstehen.«

»Er lebt nur nachts«, sagte Toshimitsu. »Wie ein Typ, der für immer Jetlag hat. Wie einer, der nur zu seiner eigenen Zeit existiert. Ohne die anderen.«

Von Toshimitsu hörte ich zum ersten Mal die João-Geschichte. Er hatte recherchiert, das Ruy-Castro-Buch gelesen, Artikel übersetzen lassen. Er wusste viel, Details, Nebensächlichkeiten, Querverbindungen. Japaner sind so. Toshimitsu kannte auch den vollen Namen: João Gilberto Prado Pereira de Oliveira. Er wusste, dass João am 10. Juni 1931 in Juazeiro, damals eine Kleinstadt mit 10 000 Einwohnern, im brasilianischen Bundesstaat Bahia geboren wurde, als Sohn des erfolgreichen Kaufmanns Juveniano de Oliveira und seiner Frau Dona Patu. Juveniano, ein Bauernsohn, hatte sich mit Stoff- und Getreidehandel hochgearbeitet und erwartete diese Art Aufstieg auch von seinen Söhnen. Sie sollten Schulabschlüsse machen, was Vernünftiges werden: Arzt, Anwalt, Händler. Bei sechs seiner sieben Kinder gelang das auch, nur bei João nicht. Der war zwar schlau, aber unkonzentriert und fahrig.

»Seine Gedanken flogen andauernd woanders hin, in Gegenden, in die ihm keiner folgen konnte«, sagte Toshimitsu. »Und in diesen Gegenden erklang andauernd Musik. Die Lieder des brasilianischen Sängers Orlando Silva, eines anständig gegelten Gentlemans mit Schnurrbart, dessen Tenorgesang so schön war, dass er die Engel vom Himmel fallen lassen konnte; aber auch Songs von Fred Astaire, Duke Ellington oder aus amerikanischen Musicals der vierziger Jahre. Alles klang, alles sang im jungen João. Und irgendwann bekam er eine Gitarre geschenkt, mit der er sich zusammen mit ein paar Freunden unter einen alten Tamarindenbaum am Dorfplatz stellte und zu spielen begann.«

»Wie Buddha!«, rief ich.

»Wie Buddha mit Gitarre«, präzisierte Toshimitsu. »Mit dem Unterschied, dass am Anfang alles schiefging: Als João mit neunzehn nach Rio fuhr, um groß rauszukommen, klappte gar nichts. Er hielt keine Verabredungen ein, rauchte Marihuana, trank, lieh sich Geld, das er nie zurückzahlte, mietete sich bei Freunden ein, denen er ebenfalls nichts bezahlte. Er war ein Rumtreiber und Verlorener, irgendwann so sehr, dass er die Stadt als Gescheiterter verließ und sich auf eine Reise durch Brasilien machte, an deren Ende er zu seiner Schwester flüchtete. In ihrem Haus soll er sich angeblich monatelang im

Badezimmer eingeschlossen haben, wo er sang und Gitarre spielte, wie ein Patient in einer Nervenheilanstalt, dem man ein vertracktes Spielzeug geschenkt hatte.«

Nur eins wusste Toshimitsu nicht: Warum João so seltsam und menschenfern geworden war wie der amerikanische Unternehmer Howard Hughes oder der Schriftsteller Thomas Pynchon. Was auf seiner Reise mit ihm passiert sein konnte. Was er gefunden und vielleicht auch verloren hatte. Hatte er dem Teufel seine Seele verkauft, um singen und spielen zu können wie niemand sonst – um den Preis, von nun an nur noch in einer Welt der Schatten zu leben?

Wir hörten »Hô-bá-lá-lá« noch oft in dieser Nacht, und auch andere Lieder gespielt von João: »Chega de Saudade«, »Maria ningúem« (»Maria Niemand«), »Bim Bom«, »Brigas Nunca Mais« (»Nie wieder Streit«). Zurück in Berlin, spielte ich all diese Stücke meinen Freunden vor, und auch sie waren verzaubert, auch sie fingen das Virus ein.

»Worum geht's in ›Hô-bá-lá-lá‹?«, fragte ich Toshimitsu noch. »Keine Ahnung. Es ist eins der wenigen Lieder, die er selbst geschrieben hat. Um Schönheit? Liebe? Leid? Nur João weiß es. Er hat das Wort ja erfunden.«

Im Grunde bin ich wegen »Hô-bá-lá-lá« nach Rio gekommen. João soll es für mich spielen.

Erste Ermittlungen

»Das war ja wohl nix, Watson.«

Wir sitzen in einem kleinen Café in Leblon, an der Ecke Avenida Ataulfo de Pavia/Rua Carlos Gois, ein paar hundert Meter nur vom »Rio Flat« entfernt. Nebenan ist ein Kino, Menschen stellen sich gerade für den Film *Tropa de Elite 2* an, in dem's um Drogengangs in den Favelas und Polizeikorruption geht und den ganzen Schlamassel, den Rios Verwaltung so schnell wie möglich auszuradieren versucht, bevor Olympiade und WM kommen: mit Panzerwagentrupps der Einsatztruppe BOPE, die sie schwer bewaffnet in die Slums schickt.

»Bald geht hier der Krieg los«, sagt Watson.
»Das war nicht das, was ich meinte.«
»Ich weiß. Es ist eben doch nicht so einfach. João ist ein Meister des Verschwindens, vergiss das nicht.«
»Wir brauchen bessere Informanten, Watson. In einer Situation wie dieser sind Informanten das Einzige, das uns weiterhelfen kann. Informanten und Zeugen, die wir vernehmen können. João-Zeugen. Wir müssen sie alle treffen, uns kreisförmig ihm annähern.«

Ungefähr so hatte ich mit der Suche auch schon von Berlin aus angefangen. Ich hatte an Jorge Cravo, genannt Cravinho, geschrieben, einen ehemals engen Freund Joãos, der mit einem kurzen Brief geantwortet hatte, der nur noch mehr Fragen aufwarf. Und gleich nach meiner Ankunft in Rio ging ich in die Rua Vinicius de Moraes, die vor dem Tod des nach ihr benannten berühmten Dichters und Diplomaten (in Los Angeles, Paris, Montevideo) die Rua Montenegro war. Dort gibt es den kleinen Musikladen »Toca do Vinicius«, er wird geführt von einem grauhaarigen, graubärtigen ehemaligen Literaturprofessor namens Carlos Alberto Afonso.

Carlos' Geschäft ist wie eine Zeitmaschine, die einen zurücktransportiert ins Brasilien der späten fünfziger und frühen sechziger Jahre. Das Land, das bis heute in den Köpfen der meisten Leute ist, wenn sie an Brasilien denken – das der schönen Menschen, der schönen Musik und der schönen neuen Gedanken.

Carlos, der Zeitmaschinist, erzählte mit Wehmut von diesen Jahren: vom Aufbruch des bis dahin eher schleppend vorankommenden Landes unter dem Präsidenten Juscelino Kubitschek, der Fortschritt und Wohlstand bringen wollte, architektonisch gegossen in Oscar Niemeyers geschwungene Bauten der neuen Hauptstadt Brasilia. Und er erzählte die schöne alte Geschichte der Bossa Nova – von Vinicius de Moraes und dem Komponisten Antônio Carlos »Tom« Jobim, die 1956 in Rio aufeinandertrafen. Der Reporter und Lebemann Ronaldo Boscoli, der später eng mit den Musikern Carlos Lyra und Roberto Menescal zusammenarbeiten sollte, hatte die beiden einander vorgestellt.

De Moraes war damals ein bekannter Poet, der ehemalige Architekturstudent Jobim ein vielversprechender junger Musiker, der, zuerst beeinflusst von Komponisten wie Heitor Villa-Lobos, Claude Debussy und George Gershwin, gerade zu seinem eigenen Stil fand. Beide tranken gern, beide liebten die

Frauen und auch das Leid, das sie verursachten. Altmodischere Künstlergestalten sind praktisch nicht denkbar. Charmantere aber auch nicht.

»Ich arbeite gerade an einer Operette, sie handelt vom Tod und einer Liebe, die verdammt ist, und spielt in Rio. Sie heißt Orfeu da Conceição«, sagte de Moraes, der Whisky-Trinker in der Bar Villarino im Zentrum Rios. »Zu meinem Libretto bräuchte ich noch die Musik.«
»Klingt interessant, aber gibt's auch Geld dafür?«, fragte Jobim, der Allestrinker.
Stille im Raum. Der kleine Musiker will Geld vom großen Dichter!

So soll nach Ruy Castros Buch das erste Gespräch gewesen sein, das die beiden führten, und von nun an schrieben sie Lieder zusammen, unzählige Lieder: »Chega de Saudade«, »Insensatez« (»Unsensibel«), »A Felicidade« (»Glück«), »Brigas Nunca Mais«, »O nosso amor« (»Unsere Liebe«), »Eu sei que vou te amar« (»Ich weiß, dass ich dich lieben werde«) – und, irgendwann 1962, nachdem ein schönes Mädchen namens Helô Pinheiro auf dem Weg zum Zigarettenholen an ihnen vorbeigegangen war, ihr berühmtestes: »Garota de Ipanema«. Ein sehr kompliziert arrangiertes, vierzigtaktiges Lied, das aber nie kompliziert oder anstrengend wirkt, sondern so einfach und eingängig ist wie ein Popsong. Im März 1963 nahm Jobim es zusammen mit João und Astrud Gilberto und dem Tenorsaxofonisten Stan Getz in New York auf. Kurz nachdem die Single im Januar 1964 rauskam, gab's bereits vierzig Coverversionen, unter anderem von Sarah Vaughn, Ella Fitzgerald, Nat King Cole. Später dann, 1967, sang Frank Sinatra das Stück für sein Album *Francis Albert Sinatra & Antônio Carlos Jobim*, das er mit Jobim aufnahm. Heute ist es die vielleicht berühmteste Melodie der Welt, die Millionen von Menschen mitsingen können. Sie wird in Kaufhäusern, Hotellobbys, Parfümerien und Cafés gespielt – ein bisschen zu oft mittlerweile. Sie ist zu einer Art Universalmöbelstück geworden, zu einem Designklassiker wie von Charles und Ray Eames, der überall hingestellt wird. Ihre Eleganz ist dadurch etwas schal geworden.

Und trotzdem: Man muss sich vorstellen, wie die zwei Bohemiens das Lied damals schrieben. Wie sie sich, beide hochgebildet, schlau und kritisch, dafür entschieden, ihre Haltung zum Leben und der Welt in einem Liebeslied auszudrücken. Die Triebfeder des Bossa: Sehnsucht – nach Liebe, Erlösung, Glück, Transzendenz im Wissen darum, dass es eigentlich naiv ist, all das für möglich zu halten. Die Sehnsucht muss aufhören, damit es geht; und für immer bleiben, damit es geht – so denkt der Bossaist.

Genau so, wie es auf João Gilbertos erster Single, dem Gründungsmanifest der Bossa Nova, zu hören ist:

Chega de Saudade

Vai, minha tristeza
E diz a ela que sem ela não pode ser
Diz lhe numa prece que ela regresse
Porque eu não posso mais sofrer

Chega de saudade, a realidade
É que sem ela não há paz, não há beleza
É só tristeza, e a melancolia
Que não sai de mim, não sai de mim, não sai

Mas se ela voltar, se ela voltar
Que coisa linda, que coisa louca
Pois há menos peixinhos a nadar no mar
Do que os beijinhos que eu darei na sua boca

Dentro dos meus braços os abraços
Hão de ser milhões de abraços apertado assim
Colado assim, calado assim
Abraços e beijinhos e carinhos sem ter fim

Que é pra acabar com esse negócio
De viver longe de mim
Não quero mais esse negócio
De você viver assim
Vamos deixar desse negócio
De você viver sem mim

Schluss mit der Sehnsucht

Geh, mein Kummer, geh,
Und sag ihr, dass es
Ohne sie nicht geht
Schick ihr ein Gebet,
Damit sie versteht,
Dass ich nicht länger
Leiden kann

Schluss mit der Sehnsucht,
Die Wahrheit ist,
Ohne sie find ich keinen Frieden
Alles ist trist
Nichts als Kummer

Und die Melancholie
Lässt mich nicht los,
Lässt mich nicht los

Aber wenn, wenn sie zurückkäme,
O, wie schön,
Wie toll wäre das
Denn im Meer da schwimmen
Längst nicht so viele Fische,
Wie ich ihr Küsse
Auf den Mund geben werde

In meine Arme nehm ich sie
Und halt sie fest
Immer wieder, tausendmal
Ganz nah, ohne ein Wort
Halt ich sie fest,
Küsse und streichle sie
Endlos

Damit endlich Schluss ist
Mit diesem Unsinn,
Dass du so weit weg bist
Ich will, dass endlich
Schluss ist damit,
Dass wir beide
Nicht zusammen sind

Wir denken oft an Jean-Paul Sartre und Simone de Beauvoir, wenn wir an die Boheme denken. Wir denken an eine Million Zigaretten und eine Million Tassen Espresso im »Café de Flore«, an schwarze Rollkragenpullover, an Nihilismus, Existenzialismus, Sozialismus. Dass die Boheme von Rio nie so bekannt wurde, liegt daran, dass sie ihr Verhältnis zur Welt vor allem in Musik und Gedichten ausdrückte und weniger in Romanen oder philosophischen Essays (auch wenn Vinicius de Moraes ständig griechische Mythen zitierte). Wie in dem Stück »Desafinado«, das Jobim mit dem Dichter und Pianisten Newton Mendonca geschrieben hatte. Es handelt von einem Falschsänger, der sich darüber beklagt, ausgelacht zu werden. Diese Beschwerde aber transportiert er über eine Melodie, die so anspruchsvoll ist, dass er gar nicht anders kann, als wieder falsch zu singen, so falsch wie nie zuvor. Seine Situation ist absurd, aber das Absurde ist lustig bei den Bossaisten.

Desafinado

Se você disser que eu desafino amor
Saiba que isto em mim provoca imensa dor
Só privilegiados têm ouvido igual ao seu
Eu possuo apenas o que Deus me deu

Se você insiste em classificar
Meu comportamento de antimusical
Eu, mesmo mentindo devo argumentar
Que isto é bossa nova
Que isto é muito natural

O que você não sabe, nem sequer pressente
É que os desafinados também têm um coração
Fotografei você na minha Rolleiflex
Revelou-se a sua enorme ingratidão

Só não poderá falar assim do meu amor
Este é o maior que você pode encontrar, viu
Você com a sua música esqueceu o principal

Que no peito dos desafinados
No fundo do peito bate calado
Que no peito dos desafinados
Também bate um coração

Verstimmt

Wenn du sagst, dass ich falsch singe, Schatz
Dann musst du wissen, dass mir das sehr wehtut
Nur Privilegierte haben ein Gehör wie du
Ich hab nur das, was Gott mir gab

Wenn du meinen Gesang unbedingt
Als unmusikalisch bezeichnen musst,
Muss ich, auch wenn es gelogen ist, sagen:
Das ist Bossa Nova
Das gehört so

Was du nicht weißt und nicht mal ahnst,
Ist, dass auch Falschsänger ein Herz haben
Ich hab dich mit meiner Rolleiflex fotografiert
Dabei zeigte sich deine unglaubliche Undankbarkeit

So darfst du nur nicht von meiner Liebe sprechen
Eine größere findest du nicht, damit du's weißt
Du mit deiner Musik hast das Wichtigste vergessen

In der Brust eines Falschsängers,
Tief in der Brust schlägt leise
In der Brust eines Falschsängers
Schlägt auch ein Herz

»Dieser ›Falschsänger‹ war João Gilberto«, sagte Carlos. »Ein junger, kaum bekannter Mann, aus Bahia nach Rio gekommen, der in den Ohren vieler Brasilianer tatsächlich falsch klang. Weil er nicht voluminös sang, sondern leise, fast flüsternd. Weil er anders phrasierte. Weil er eine kleine Stimme hatte, keine große – sich dafür aber nicht zu schämen schien. Seine Dissidenz ist zart, die Dissidenz eines Gentlemans. Aber trotzdem Dissidenz.«

»Wogegen richtete sie sich?«

»Gegen ziemlich alles Alte. Vor João galten Männer mit Gitarren meist als Penner; vor João galt männliche Sensibilität als schwul; vor João gab's nicht wirklich eine Jugendbewegung, eine Boheme in Brasilien, die sich über ihre Haltung zur Musik definierte.«

»War ihm all das bewusst?«

»Kaum. Ich glaube, er folgte vor allem seinem Instinkt. Aber das ändert nichts daran, dass er für die neue Musik der Entscheidende war. Jobim war ein hochbegabter Komponist, de Moraes ein großer Dichter, und die anderen – Roberto Menescal, Carlos Lyra, Edu Lobo, João Donato, Ronaldo Boscoli – begabte Texter und Musiker. Das wahre Herz der Bossa Nova aber schlägt allein in João Gilberto.«

Joãos Alleinstellung wird noch dadurch verstärkt, dass viele aus der Zeit schon lange tot sind. Besonders alt wurden sie nicht, es lag meist an zu viel Whisky, zu viel Zigaretten und zu viel Leben: Jobim starb 1994 in New York an einem Herzinfarkt, mit siebenundsechzig. De Moraes, achtmal verheiratet, starb 1980 mit sechsundsechzig. Boscoli starb 1994, ebenfalls mit sechsundsechzig, in Rio. Und Mendonca starb schon 1960, mit grade mal dreiundreißig, an seinem zweiten Herzinfarkt.

Auch die großen Sängerinnen von damals sind schon weg, alle erschütternd jung gestorben: Sylvia Telles (31, Autounfall), Maysa (40, Autounfall), Elis Regina (36, Drogen, Alkohol, Medikamente), Nara Leão (49, Hirntumor). Auf dem Friedhof São João Batista, dem Friedhof der toten Bossas, hatte ich viele von ihnen besucht. Die Gräber von Nara Leão und Vinicius de Moraes waren am schwierigsten zu finden gewesen: Das von Leão liegt oben in den Hügeln versteckt wie eine Schublade unter tausend anderen; und de Moraes' Grab hat keine Nummer. Einer der Pfleger hatte mich gefragt, ob ich Vinicius nicht eine Nummer spendieren wolle, für vierzig Reais, knapp zwanzig Euro. Kurz überlegte ich, entschied dann aber, dass das irgendwie nicht mein Job sei. Wenn Vinicius keine Nummer hat, will er vielleicht einfach keine Adresse sein.

»Einmal noch, für alle Zeiten: Was genau bedeutet Bossa Nova, Carlos?«

»Draußen in der Welt, bei euch, in den USA, Europa, Asien, bedeutet es Neue Welle, Neuer Stil – wie die Nouvelle Vague, die in Frankreich einen Neubeginn des Kinos markierte. Bei uns in Brasilien aber heißt Bossa noch etwas anderes. Wenn du über jemanden sagst, er habe Bossa, heißt das, dass er eine eigene Art hat, die Dinge zu tun. Er hat Swing, Persönlichkeit.«

»Coolness?«

»Nein, darum ging's nie. Es ging um Wahrheit, Poesie, Verletzlichkeit und Modernität – und darum, ein eigener Mensch zu sein.«

Sechs Jahre Freiheit hatten die Bossaisten: von 1958 bis 1964, als Kubitschek den Diktator Vargas ablöste und dem Land neue Hoffnung gab. Nach seinem Rücktritt folgten zwei schwache Präsidenten; der letzte, João Goulart, der offen mit Che Guevara und dem Sozialismus sympathisierte, wurde vom Militär unter der Führung des rechten Marschalls Humberto Castelo Branco weggeputscht. Der ließ Oppositionelle verhaften, schränkte Bürgerrechte ein, zensierte Künstler und Journalisten. Erst 1985 gab's wieder freie Wahlen.

»Warum bewundern Sie João so, Carlos?«
»Weil er der Archetyp des Großkünstlers ist. Der letzte Musik-Tycoon unserer Zeit. Nicht angenehm, nicht pflegeleicht. Er hat sich nie korrumpieren lassen, weder durch Geld, Plattenfirmen oder vom Publikum. Er hat nichts aufgenommen, was er nicht wollte; ist nicht aufgetreten, wenn er nicht wollte; hat mit niemandem geredet, mit dem er nicht reden wollte. Weil er weiß, dass große Kunst Geschenk und Verpflichtung zugleich ist. Und weil er die Formel nicht gefährden wollte. Weil er weiß, dass sie sehr sensibel ist.«
»Die Formel?«
»Ja, die Formel«, sagte Carlos. »João hat es in jahrelangen Studien geschafft, seinen eigenen, unverwechselbaren Klang zu finden – mit einem neuen, nie gehörten Rhythmus. Er hat sein ganzes Leben diesem Klang geopfert. Und nun wird auf magische Art und Weise alles, was er spielt, nicht bloß zu einem Lied, sondern zu *ihm selbst*. Wie bei König Midas, der die Dinge, die er berührte, zu Gold machte.«

Und tatsächlich ist es so, dachte ich: João hat eine Rezeptur gefunden, eine Gleichung zwischen Gesang und Gitarre, Atem und Akkorden, mit der er aus jedem Lied einen Bossa Nova machen kann. Ein Lied, das auf einzigartige Weise schwebt und schillert und glänzt – egal, ob es von brasilianischen Komponisten wie Dorival Caymmi oder Ary Barroso stammt, von Zeitgenossen wie Jobim, Roberto Menescal oder Carlos Lyra oder von George Gershwin (»S'Wonderful«), Cole Porter (»You do something to me«) oder Charles Trenet (»Que reste-t-il de nos amours«). Darum musste er bis auf »Hô-bá-lá-lá«, »Bim Bom« und noch eine Handvoll andere Stücke auch gar nicht so viele selber schreiben. João kann jedes Lied, auch ein fremdes, zu seinem *eigenen* machen – nicht als Coverversion, nicht als Kopie, sondern als neues *Original.*

Er besitzt, was er spielt.

Aber wie findet ein junger Mensch seinen Stil, wie kommt er zu seiner Stimme unter all den anderen, die stets um ihn sind; und wie wird diese Stimme später zur Stimme eines ganzen Landes? Wie lernt er herauszufinden, wer *er* ist?

Es gibt eine Lücke in seiner Biografie – die Zeit seiner Reise durch Brasilien, die ihn 1956 zuerst nach Porto Alegre, dann nach Diamantina, Juazeiro und kurz nach Salvador führte, bevor er 1958 nach Rio zurückkehrte. Mit der Formel.

»Haben Sie ihn je gesehen, Carlos? War er je im Laden, haben Sie je mit ihm geredet?«
»Leider nein. Er weiß wohl, dass es mich gibt, aber nur zweimal im Leben war ich ihm nah. Einmal auf einem Konzert in Paris, wo ich in der ersten Reihe saß, und das zweite Mal …«

Carlos ging zur Ladentür, drehte den Schlüssel herum, hing ein »Geschlossen«-Schild ins Fenster und führte mich eine enge Treppe hoch in den ersten Stock des Geschäfts. Dort, in einem Raum, der über und über mit Kisten, Platten, Tonbändern,

Büchern und Dokumenten vollgestopft war, wühlte er in einem Ordner herum und hielt den Kulturaufmacher einer alten *Figaro*-Ausgabe hoch. »Hier«, sagte er, lächelte ein bisschen traurig und zeigte auf das Bild von João, auf einem Hocker sitzend und Gitarre spielend; und darunter auf ein kleines Foto mit ihm und einem französischen Journalisten, dem er Joãos Kunst erklärt und ein paar Plattentipps gegeben hatte.

»Was ist das für ein Raum hier, Carlos, ein Museum, ein Tempel?«
»Es ist der Raum der Geschichte der Bossa Nova«, sagte er.

Nach Carlos traf ich noch andere Leute, von denen ich hoffte, sie könnten mir weiterhelfen. Ich ging spazieren mit César G. Villela, dem achtzigjährigen, heute fast verarmten Grafiker, der mit seinen reduzierten Coverillustrationen die Bildsprache der Bossa Nova erfand; ich besuchte den Musikarchivar Ricardo Cravo-Albin, der mir erzählte, er sei in seinem ganzen Leben nur ein Mal fieberkrank gewesen, und zwar nachdem João Gilberto ihn während eines New York–Rio-Fluges angesteckt hatte; und ich traf den Texter und Komponisten Carlos Lyra, der versucht hatte, die Bossa Nova zu politisieren, von der Mittelschicht zu den Armen zu bringen, und später, aus Frust darüber, dass es nicht klappte, nach L. A. gezogen war, wo er sich zusammen mit John Lennon einer Urschreitherapie unterzog. In einem Eintopf-Restaurant erzählte Lyra, dass er João als Künstler zwar schätze, als Person aber nicht besonders möge, obwohl João viele seiner Lieder aufgenommen habe. Lyra meinte, João beklaue andere Musiker mit seiner Art, sich ihre Lieder zu eigen zu machen. Er findet ihn ein bisschen respektlos.

Jedes Treffen war aufregend und bereichernd; nur über João fand ich dabei kaum Neues heraus.

»Wir brauchen Leute, die noch näher an ihm dran sind oder waren«, sage ich darum zu Watson, die ihre fünfte Tasse Espresso trinkt. »Wir brauchen die ganze verdammte Bossa-Nova-Crew. Jeden Zeugen, den wir kriegen können!«
»Okay«, sagt Watson. »Dann reisen wir sie alle ab. Sie sollen uns ihre Geschichten erzählen. Und den Ersten habe ich auch schon für dich. Ich habe ihn vorhin angerufen. Sein Name ist Garrincha.«
»Wie der Fußballspieler?«
»Wie der Koch.«
»?«
»Er ist der ehemalige Koch des Restaurants ›Plataforma‹, in dem João jahrelang sein Essen bestellt hat; immer nur bei ihm persönlich. Und kennst du den Magen eines Mannes, kennst du ein bisschen auch den Mann, nicht wahr?«
»Klar wahr!«, rufe ich, laufe auf die Straße und halte ein Taxi an. Mit hochgerecktem Regenschirm natürlich, wie es sich für einen Meisterdetektiv gehört.

Steak João

Schwerer Regen und tosender Wind, als wir vor dem Restaurant »Couveflor« in Jardín Botánico eintreffen. Garrincha wartet schon am Eingang, ebenfalls mit einem Regenschirm. Ein sehr kleiner, sehr nett lächelnder grauhaariger Mann im dunklen Anzug und diagonal gestreifter Krawatte. Er ist Patron im »Couveflor« – und mit dem ersten Blick auf ihn erledigt sich auch gleich die Frage, warum Garrincha Garrincha heißt. Er sieht nämlich genauso aus wie die brasilianische Fußball-Legende, die 1958 und 1962 mit der Seleção Weltmeister wurde und für den Club Botafogo 232 Tore schoss. Jobim und Vinicius de Moraes waren es, die den »Couveflor«-Garrincha Garrincha nannten; auch sie liebten seine Küche, Jobim den Fisch, de Moraes das Fleisch.

»Boa noite, Garrincha!«
»Boa noite, liebe Freunde!«

Garrincha führt uns ins Restaurant. Es ist ein mittelgroßer Laden, klar, hell, zwölf Tische. Wir setzen uns. Garrincha grinst. Er grinst und grinst und grinst übers ganze Gesicht, bis über die Ohren hinaus.

Sofort beginne ich das Verhör:

»Garrincha, Sie waren wie lang Joãos Lieblingskoch?«
»Etwas über fünf Jahre lang.«

»Was haben Sie für ihn gekocht?«
»Steak no Sal Grosso.«
»Was ist das Besondere daran?«
»Es ist ein Filet Mignon mit einer zarten Kruste aus Meersalz, das vor der Zubereitung lange in einer besonderen Kräutermarinade gelegen hat, deren Rezept ich nicht verrate. Dazu gab's Reis und Farofa. Farofa ist in der Pfanne geröstetes, mit Butter verfeinertes Maniokmehl. Eine brasilianische Spezialität.«
»Wie kam João auf Sie?«
»Sein Freund, der Musiker Moraes Moreira, und Joãos Exfrau Miúcha waren oft im ›Plataforma‹ essen, wo ich damals als Barbecue-Chef arbeitete. Sie empfahlen mich weiter. Eines Abends rief er dann an.«
»Wie lief das ab, wenn João anrief?«
»Es lief immer genau gleich ab. Elf Uhr nachts, im ›Plataforma‹ klingelt das Telefon. João sagt:
›Guten Abend, Garrincha.‹
Ich sage: ›Guten Abend, João.‹
João sagt: ›Wie geht's dir, Garrincha?‹
›Gut, João.‹
›Wie geht's deiner Frau, Garrincha?‹
›Gut, João.‹
›Wie geht's deinen Kindern, Garrincha?‹
›Gut, João.‹
›Adriana, ist sie wieder gesund?‹
›Ja, João. Die Grippe ist überstanden.‹
›Was steht auf der Karte, Garrincha?‹
›Wir haben frischen Fisch reinbekommen, João. Wunderbaren Bacalhao. Wir servieren ihn mit Gemüse und Reis. Er ist sehr gut, ich habe ihn selber gerade gegessen.‹
›Was steht sonst noch auf der Karte, Garrincha?‹
›Das, was immer draufsteht, João: Picanha – Churrasco – Ripp-

chen – Schweinelende – Lammkotelett – Thunfisch – Barsch – Hummer – Schwertfisch.‹
›Der Schwertfisch, ist er gut, Garrincha?‹
›Er ist exzellent, João. Ich lass ihn dir grillen und würze ihn mit einer neuen Mischung, die ich gerade erfunden habe. Er wird dich begeistern.‹
›Ich nehm das Steak, Garrincha.‹
›Gut, João.‹
Dann, zwischen zwölf und ein Uhr nachts, brachte ihm der immer gleiche Restaurantbote die fast immer gleiche Bestellung und stellte sie vor seiner Tür auf den Boden. Am nächsten Tag wiederholte sich alles.«
»Wie lange dauerte das Gespräch?«
»Um die vierzig Minuten.«
»So war das, fünf Jahre lang?«
»So war das, fünf Jahre lang.«
»Sie haben ihn nie gesehen?«
»Ich habe ihn nie gesehen.«
»Der Bote, hat der ihn gesehen?«
»Nur als Schatten oder eine Hand, die schnell hinter der Tür hervorschoss und das Geld überreichte. Manchmal lag da auch einfach schon ein Umschlag auf dem Boden.«
»Das ist verrückt, Garrincha.«
»Das ist João Gilberto, mein Herr.«
»Das Steak – war es raw, medium, well?«
»Medium.«
»Hat er auch was zu trinken bestellt?«
»Niemals.«
»Was isst João nicht?«
»João isst nur Gegrilltes.«

»Nach den vielen hundert Stunden, die Sie mit João am Telefon verbracht haben – wie würden Sie ihn beschreiben?«

»Ein sanfter, liebevoller, interessierter Mann. Der beste virtuelle Freund, den ich je hatte.«
»Wann haben Sie ihn zuletzt gesprochen?«
»1999.«
»Und in all den Jahren sind Sie nie auf die Idee gekommen, ihn auf ein Bier runter ins Restaurant einzuladen?«
»Niemals, das hätte ja alles zerstört.«
»Wieso?«
»Altes Gastronomiegesetz: Schön, wenn der Gast dich als Freund sieht – aber komm bitte trotzdem nicht auf die Idee, ihn mit *deinen* Wünschen zu behelligen.«
»Wo wohnt João heute?«
»Soll in die Nähe der Avenida Bartolomeu Mitre gezogen sein, hab ich gehört. Leblon. Mehr weiß ich nicht.«
Watson notiert: Avenida Bartolomeu Mitre.
»Und er verlässt sein Apartment wirklich *nie*?«
»So gut wie. Manchmal, wenn er in ganz besonderer Stimmung ist, soll er sich frühmorgens in seinem Wagen, der sonst nur in der Garage steht, zur Vista Chinesa chauffieren lassen. Das ist ein Aussichtspunkt in der Nähe vom Corcovado, von wo aus man über die ganze Bucht schauen kann. Angeblich befiehlt er dem Fahrer dann, den Motor laufen zu lassen, und hört sich das Tuckern an, als sei es Musik.«
»Hmh. Ihr Lieblings-Bossa-Nova-Lied, Garrincha?
»Garota de Ipanema.«
»Ich würde jetzt gern das João-Gilberto-Steak essen.«
»Natürlich!«

Die Farofa ist mir ein bisschen zu trocken, aber das Steak schmeckt vorzüglich. Wunderbar zart, die Salzkruste so leicht, sie legt sich wie Schmelz auf die Zunge. Preis: 59 Reais, 25 Euro. Geht voll in Ordnung, gibt nichts zu meckern. Watson und ich essen sofort alles auf. Ich trinke ein Bier dazu (»Bohemia«).

Was lernt man über einen Mann, dessen Lieblingsessen man isst? Was kommt dabei an Erkenntnis über ihn heraus? – Dass er einen recht guten Geschmack hat.

Der Selbstmord

Ein Mann sprang aus dem Fenster, gestern, an dem Samstagnachmittag, als ich mit Watson im Café saß. Er ging in das Bankgebäude in Ipanema, in dem er arbeitete, fuhr in den elften Stock und stürzte sich auf die Straße. Die Polizei fand eine leere Wodkaflasche und ein paar Burger-King-Reste auf seinem Schreibtisch.

Es ist Tim, der Amerikaner, mit dem Sasha, Hannah, Lloyd, Laura und ich bis eben die Wohnung geteilt haben. Er hatte das kleinste Zimmer, nicht größer als ein Bett.

Wir sitzen auf den weißen Kunstledersofas der Dachterrasse.

»Depressionen?«, frage ich.
»Keine Ahnung«, sagt Laura. »Vor ein paar Tagen waren wir aus, da schien's ihm noch gut zu gehen.«
»Geldprobleme?«
»Er hatte einen guten Job.«
»Liebesprobleme?«
»Er hatte eine Freundin.«
»Wo ist die jetzt?«
»Keine Ahnung. Kannte die auch nicht richtig.«
»Was sagt die Polizei?«
»Nicht viel, außer dass sie letzte Nacht mit einer Plastiktüte mit seinen letzten Sachen vorbeikam und uns ein paar Fragen stellte.«

»Weiß es die Familie schon?«

Schulterzucken.

»Lloyd, was sagst du?« Er surft im Internet.
»Geht mir am Arsch vorbei. Kannte ihn ja kaum«.

Stille auf der Terrasse. Jemand vom Haus gegenüber spielt »Girl from Ipanema« auf dem Saxofon, sehr schlecht. Das Lied verreckt.

Wie ist das, wenn man nur nachts lebt? Man hat die Welt für sich, man setzt seine eigenen Lichter, alles andere wird ausgeblendet. Man selbst entscheidet, was oder wen man sehen will. Was für ein Zustand ist das? Ewige Depression oder ewiger Frieden?

»Was macht ihr später noch?«, fragt Laura.
»Die Bar streichen, weiß«, sagt Sasha.
»Einkaufen«, sagt Hannah.
»Bisschen Fußball spielen am Strand«, sagt Cristian.
»Diesel-Party«, sagt Lloyd.

Ich gehe in mein Zimmer und gucke, ob die anderen Brasilianer schon auf meine E-Mails geantwortet haben. Der Komponist Marcos Valle hat.

Die Geschichte meiner Gitarre

Meine Gitarre ist hundert Jahre alt.

Es ist eine kleine, robuste Wandergitarre. Sie sieht aus wie die typische Gitarre, wie die Art, die Picasso immer gemalt hat. Korpus und Hals sind aus dunkelbraunem Eisenholz; die Korpusdecke besteht aus fast orangefarbigem Palisander. An der oberen Gehäusewand (auf der der rechte Arm immer liegt) ist ein kleines Loch, aber das ist nicht schlimm. Sie klingt immer noch ganz gut, diese Gitarre.

Wann genau sie gebaut wurde, kann ich nicht sagen, nur wann, wo und von wem sie gekauft wurde. Ihr Vorbesitzer erzählte mir die Geschichte: Seine Großmutter, Klara Waldstätter, kaufte die Gitarre 1910 im Musikhaus Carl Horn Sohn in Siegen, Westfalen, für ihren Sohn Theo zum elften Geburtstag. Theo spielte darauf Kinder- und Soldatenlieder, auch die, mit denen die Deutschen damals in den Ersten Weltkrieg zogen: »Flieg, Kugel, fliege, du hilfst uns gut im Kriege«. Anfang der zwanziger Jahre ging Theo zum Studium nach Berlin; wenn er sich von den Medizinbüchern ablenken wollte, zupfte er ein paar Schlager, am liebsten ein Lied aus der Revue »Es liegt in der Luft«: »Wir haben einen kleinen Stich, wir stehlen wie die Raben, obwohl wir es ja eigentlich gar nicht nötig haben«. Gefiel den Frauen gut, wie Theo dazu sang. 1930 zog er nach Hamburg, heiratete und bekam zwei Söhne, Leo und Gustav. Im Zweiten Weltkrieg wurde Theo eingezogen und musste als Militärarzt nach Russland. Er kam nie zurück. Mitte der sechziger Jahre ging der jüngere Sohn, Gustav, nach Bonn. Er fragte Leo, ob er die Gitarre haben wollte, Leo aber spielte lieber Fußball, also nahm Gustav sie mit, auch später, als er nach dem Fall der Mauer nach Berlin zog. Dort begegnete er mir eines Nachmittags in einem Kreuzberger Musikantiquariat, in dem er, inzwischen Rentner, die Gitarre verkaufen wollte. Weil sie mir aus irgendeinem Grund sehr sympathisch war, schnappte ich sie dem Antiquar vor der Nase weg und lud Gustav zum Schnaps ein.

Sie klingt immer noch ganz gut, die Gitarre. Etwas schwer zu stimmen manchmal. Ich kann darauf genau drei Lieder spielen: »Blue Moon« (Richard Rodgers/Lorenz Hart), »Moon River« (Johnny Mercer/Henry Mancini) und »Moon Shadow« (Cat Stevens).

Gut, ich untertreibe ein wenig: »The KKK Took My Baby Away« und »Blitzkrieg Bop« von den Ramones kann ich auch. Aber die Mondlieder gelingen mir am besten. Warum, weiß ich nicht. Auf jeden Fall war mir von Anfang an klar, dass die Gitarre mitkommen musste auf meine Suche: für João, damit er was darauf spielt, am besten »Hô-bá-lá-lá«.

Denn seine Sonne ist der Mond.

Der für sein Alter wirklich viel zu jung aussehende Marcos Valle

»Warum interessierst du dich überhaupt für Brasiliens Musik?«, fragt Marcos Valle.
»Wegen der verdammten Nazis«, sage ich. »Weil sie die deutschen Künstler und Musiker und Komponisten, aus denen was hätte werden können, vertrieben, verboten, umgebracht haben. Weil darum seit den zwanziger Jahren kaum Musik entstehen konnte, die auf angenehme Art für ihr Land spricht. Hitler hat alles vernichtet.«

Wir sitzen am Pool seines Hauses in Recreio dos Banderantes im Westen Rios. Die Sonne ist gerade untergegangen, Valles Katzen streunen herum. Der Komponist Valle, dessen größter Hit »Samba de Verão« (»Summer Samba«) eines der meistgespielten Lieder der Welt ist, ist ein entspannter Hippie mit blondem Surferhaar. Zum vierten Mal verheiratet, drei Kinder. Angeblich ist er siebenundsechzig Jahre alt, aber das muss gelogen sein, so frisch wie er aussieht.

»Darum hast du deine Gitarre mitgebracht?«
»Ja. Sie ist sehr verstimmt, sehr desafinado, sie muss brasilifiziert werden, damit die bösen Nazigeister aus ihr verschwinden. Sie werden das tun müssen, Marcos.«
»Okay.«

Valle war jung, als die Bossa Nova begann, sechzehn gerade mal, und Jobim förderte ihn.

»Wie muss ich mir die Bossaisten vorstellen – eine Gruppe fröhlicher Strandbohemiens, die mit ihren Gitarren durch die Straßen zogen?«

»Wir hatten sehr gute Laune. Es war ja eine Superzeit für Brasilien. Kubitschek war Präsident, brachte Fortschritt: ›Fünfzig Jahre in fünf Jahren‹ war sein Slogan. In der Musik befreiten wir uns von den schönen, aber so unendlich traurigen Liedern des Sambas, in denen Liebe oft gleichbedeutend war mit Tod. Wir wurden lässiger. Die Natur war wichtig, der Strand, das Meer – und Liebe fanden wir gut. Ich war Surfer, Roberto Menescal, den du auch treffen solltest, fischte, Carlos Lyra las viele Bücher. Tom und Vinicius erkundeten die Nacht, tranken, hatten auch was Düsteres – aber immer mit Leichtigkeit, das war wichtig.«

»War's ein Clan?«

»Well, wir trafen uns ein Mal die Woche bei jemandem und spielten uns Lieder vor. Die Idee war: Die Musik soll dein Leben und dein Land ein bisschen besser machen, ohne dumm zu sein.«

»Gab es Boheme-Regeln, einen bestimmten Stil?«

»Nein. Sei glücklich, trink was, schreib Songs – das war's. Der Stil war leger, Ipanema-Style. Keine Uniform. Shorts zur Fliege, wenn du wolltest. Aber um Eindruck zu machen, musstest du mit was Gutem hingehen: einer Zeile, einer Melodie, die noch niemand so gehört hatte.«

»Wie entscheidend waren die Frauen?«

»Auf den Treffen waren immer Superfrauen, sehr gebildet, die nah an den Musikern und Dichtern sein wollten, und die Musiker und Dichter wollten nah an den Frauen sein. Die Frauen taten viel für die Bossa Nova. Sie gaben ihr Antrieb – durch moderne Gedanken, moderne Haltung – und ein Zuhause, im Apartment der Sängerin Nara Leão, wo wir uns oft trafen.«

»Warum gab's keinen Rock 'n' Roll in Brasilien?«
»Bossa Nova war unser Rock 'n' Roll.«
»War Bossa je politisch?«
»Zuerst nicht, aber mit Beginn der Militärregierung dann schon. Es kam zur Spaltung zwischen denen, die die Welt verändern wollten – Carlos Lyra, Edu Lobo, Nara Leão –, und denen, die vor allem durch Musik sprachen, besonders Jobim. Die Politischen griffen die Nichtpolitischen an, von denen sie abstammten: ihre musikalischen Väter. Es gab Kämpfe. Jobim wurde kritisiert, weil er kein Sozialist sein wollte.«
»Wie spürte man die Militärregierung?«
»Vor allem durch die Zensur. Du konntest nicht mehr sagen, was du wolltest. Überall, in den Straßen, Bars, am Strand, waren Spitzel und Polizisten, Menschen kamen ins Gefängnis. Ein paar von uns reagierten darauf, indem sie versuchten, subversive Texte und Wortspiele in den Liedern unterzubringen.«
»Hat's was gebracht?«
»Na ja, ein Aufstand brach nicht los. Viel politischer agierte die Generation nach uns: Chico Buarque, Caetano Veloso, Gilberto Gil, die eingesperrt wurden und später ins Exil gingen. Die Bossa Nova verschwand dann erst mal. Vielleicht, weil sie zu schön gewesen war, zu zart.«
»War Bossa Nova je Weltflucht?«
»Als die Welt gut war, war's Weltannahme. Als sie schlechter wurde, war vielleicht auch ein bisschen Flucht dabei. Wie bei jeder Vision.«
»João Gilberto lebte während des Großteils der Militärdiktatur in New York.«
»Mit João habe ich eine komische Geschichte. Ich habe ihn nie persönlich getroffen, aber einmal mit ihm telefoniert, vor zwölf Jahren. Er liebt es, zu telefonieren, angeblich hat er mehrere Mobiltelefone. Es war bei einem Essen. Ein Geschäftsfreund

von João war da, Almir. Dessen Telefon klingelte. João war dran: ›Almir, wie geht's dir?‹
Almir: ›Gut, bin gerade beim Essen.‹
João: ›Wer ist noch da?‹
Almir: ›Marcos Valle.‹
João: ›*Marcos Valle? Gib ihn mir mal!*‹
Ich: ›Hallo, João.‹
João: ›*Marcos, ich liebe dich so, du weißt nicht, wie sehr ich dich liebe, deine Musik, du hast so tolle Songs geschrieben, ich muss sie dir vorsingen. Darf ich?*‹
Ich: ›Klar, João.‹ Also sang er mir am Telefon meine Lieder vor, eine Viertelstunde lang. Darauf ich: ›Danke, João, ich bin so gerührt, habe so lang darauf gewartet, mal mit dir zu reden, was für ein gigantisch glücklicher Moment, ich schreibe ein Lied für dich.‹
João: ›*Nein, Marcos, nein, das musst du nicht, du hast schon so viele tolle Lieder geschrieben, ich werde sie aufnehmen, alle, schon bald.*‹«
»Und?«
»Nie wieder was von ihm gehört.«

Valle lacht, es schüttelt ihn richtig dabei.

»Ist er glücklich, João? Geht das, glücklich zu sein, so allein?«

Marcos zuckt die Schultern.

»Ich glaube, ja. In seiner Einsamkeit hat er sich gut eingerichtet. Ich kenne sogar eine Frau, mit der er mal was hatte. Auch übers Telefon kennengelernt, glaube ich. Er sieht fern, Boxkämpfe und Fußball, er spielt Gitarre. Manchmal fährt er nachts heimlich mit dem Auto durch Rio, habe ich gehört. Glück ist so komisch, Marc. Es sind nur Momente, und jeder sieht sie anders. Vielleicht ist João auf seine Art sogar glücklicher, als ich es bin.«

»Die Frau, mit der er mal was hatte – wer ist sie?«

»Ich kann versuchen, ihre Nummer zu kriegen, falls du das möchtest.«

»Möchte ich. Wer sonst hat Kontakt zu ihm?«

»Es gab mal einen Mann namens Krikor Tcherkesian. Er hat für João gearbeitet, in allen möglichen Funktionen. Ich weiß nicht, was aus ihm geworden ist.«

»Der Name klingt wie ausgedacht.«

»Viel klingt wie ausgedacht, was mit João zu tun hat.«

Eine von Marcos' Katzen, die graue, sieht sich im clearasilblauen Poolwasser ihr Spiegelbild an. Sie leckt sich die rechte Pfote.

Auch João hat Katzen immer geliebt. Berühmt wurde vor allem Gato, der Kater, der mit Astrud und João in New York lebte. Eines Tages, João war gerade im Studio, rief Astrud an mit der Nachricht, Gato sei aus dem Fenster gefallen. Sofort sprang João ins Taxi, fuhr zum Unfallort, hob Gato zärtlich auf, doch bevor sie es zum Tierarzt schafften, starb er. Später erzählten die Leute sich, Gato habe Selbstmord begangen, weil er Joãos ständiges Üben des Lieds »O Pato« (»Die Ente«) nicht mehr ertragen habe. João quakt auch sehr viel in diesem Stück, und natürlich hasst er die Geschichte. Übel muss er es Astrud trotzdem genommen haben, dass sie das Fenster offen ließ. Als sie ihn 1963 während einer Tour durch Italien einmal besuchte, stieg sie auf dem Weg nach Viareggio, dem nächsten Auftrittsort, einfach aus dem Auto, und João kam zur Überraschung seiner Kollegen nicht mit Astrud an, sondern mit einer Straßenkatze aus Rom, die er Romainha getauft hatte. Später beobachtete der Produzent Massimo Berdini João dabei, wie er sich vor einem Restaurant stundenlang mit einem streunenden Kater unterhielt. Das Tier habe sehr genau zugehört und die grundlegenden Dinge verstanden, erklärte ihm João.

Nakata, ein Protagonist aus Haruki Murakamis Roman *Kafka am Strand*, kann auch mit Katzen reden. Nach einem Unfall und drei Wochen im Koma beherrscht er die Katzensprache. Seitdem sind Katzen ihm näher als Menschen.

Viel von João erinnert an die Bücher Murakamis: das Kauzige, die Einsamkeit – und seine Sensorik für die Welt der unsichtbaren Dinge.

»Ist es so, dass João nicht beides zugleich haben kann – die Menschen *und* die Musik? Dass er eine Entscheidung hat treffen müssen?«
»Der Pianist João Donato, lange Gilbertos bester Freund, erklärt es sich so: João Gilberto sucht nach Perfektion. Nach *absoluter* Perfektion. Seine Exfrau Astrud Gilberto, die das ›Girl from Ipanema‹ sang, malträtierte er damit, dass er sie immer wieder ins Badezimmer schickte, um ein bestimmtes Lied, eine bestimmte Zeile, einen bestimmten Ton zu singen. Stundenlang, tagelang. Sie hat das irgendwann nicht mehr ausgehalten.«
»Warum das Badezimmer?«
»Weil die Akustik der gekachelten Wände dort nichts verzeiht. Es hallt wider, du hörst jede einzelne Note. Du kannst sie analysieren, so als würden die Töne unter einem Röntgengerät liegen. Ich hab's selber ein paarmal gemacht. Was ich aber sagen will, ist: *Wenn du etwas ganz Bestimmtes willst, und nur du weißt, was das ist, dann musst du allein sein. Ohne Menschen.* Denselben Akkord spielen, dieselbe Zeile singen, durch deinen Kopf wandern, immer wieder. Das ist der Preis.«
»Aber er hat's doch, oder nicht?«

»Der wahre Perfektionist hat's nie. Dazu kommt, dass sich seine Stimme ändert, weil er älter wird. Es wird immer schwieriger. Er aber will das haben, was er im Kopf hat. Darum hört er nie auf.«
»Er verweht?«
»Wie wir alle. Vielleicht kämpft er nur härter dagegen an.«

Marcos nimmt meine Gitarre, stimmt sie und spielt »Summer Samba«, pfeift dazu. Sie klingt gut, zum ersten Mal seit langem.

Der doppelte João

Drei Uhr nachmittags, der Pianist João Donato steht im Arbeitszimmer seines Hauses im Staddteil Urca (wo auch der Zuckerhut ist). Er raucht eine Zigarette und trägt ein übergroßes orangefarbenes T-Shirt und eine Schlafanzughose mit Comic-Karotten drauf. Donato ist gerade aufgestanden.

»Sie sind der letzte Brasilianer, der noch raucht, oder?«
»Ja, und ich bin wohl auch der letzte, der noch am Leben ist. Kaffee?«

João Donato, sechsundsiebzig Jahre alt, ist Joãos ehemals bester Freund, von dem Marcos Valle erzählt hatte. Er hat gerade zwei Grammys bekommen, einen für seine CD *Sambolero*, den anderen für sein Lebenswerk, beide völlig zu Recht.

Donato legt eine CD mit Dschungelgeräuschen ein, schlurft rüber zur Sofaecke, setzt sich in so eine Art Bequemsessel und kippt sofort in Liegeposition, aus der er sich nur zum Kaffeetrinken kurz erhebt, damit er sein T-Shirt nicht noch mehr bekleckert. Dann schließt er die Augen.

Die beiden Joãos trafen Mitte der fünfziger Jahre aufeinander. Gilberto war gerade nach Rio gekommen, ein Neuling mit großen Träumen; Donato war schon etwas bekannter, eine kleine Legende in den Bars und Wohnungen der Musiker. Ein Genie, das seinen ersten Walzer mit sieben geschrieben hatte, und eine völlig neue Art des Klavierspielens einführte: synkopisch, die Zwischentöne und Intervalle nutzend. Ein federnder Stil, der viele Hörer verwirrte. Die erste Begegnung der beiden Joãos soll wie das Zusammentreffen zweier Seelenbrüder gewesen sein. Der »doppelte João« wurden sie genannt, wenn sie irgendwo zusammen auftauchten, und sie tauchten ständig irgendwo zusammen auf. Sie spielten zusammen, kifften zusammen, tourten zusammen und schrieben zwei Lieder zusammen (»Minha saudade« und »Mambinho«, 1958). Donato gilt als mindestens genauso verrückt wie Gilberto, allerdings umgänglicher.

»Herr Donato.«
»João«, sagt er, immer noch mit geschlossenen Augen.
»João, Sie und João Gilberto sollen sofort die allerbesten Freunde geworden sein, als Sie sich zum ersten Mal trafen. Warum?«
Eine Minute verstreicht. Dann noch eine. Dann klappt Donato die Augen auf.
»Es war nichts Bestimmtes. Ich traf ihn zuerst im Studio, bei der Probe von Freunden. ›Gleich kommt einer, der ist wie du‹, sagten sie. Ihm hatten sie dasselbe gesagt. Als João reinkam, sahen wir uns an. Wir redeten kaum. Nach fünf Minuten lächelte João. ›Stimmt, der ist wie ich‹, sagte er.«
»Worin bestand die Verbindung?«
»Es war alles zusammen. Die Art, wie wir waren und wie wir fühlten – bei der Musik, im Leben. Er war allein hier, ja gerade erst aus Bahia nach Rio gekommen. Wir beschwerten uns viel, wenn wir zusammen waren.«
»Worüber?«
»Wir waren auf der Suche, wollten neue Musik machen. Ich auf Piano und Akkordeon, er mit Gesang und Gitarre. Aber niemand verstand uns! Meine Dissonanzen mochte keiner;

Joãos Stimme sei zu klein, hieß es. Wir fuhren zusammen nach Minas Gerais, ein Dorf, wo wir eine Woche lang jeden Abend auftreten sollten. Nach der ersten Show kam der Veranstalter und sagte: ›Macht euch keine Sorgen, ich bezahl euch die volle Woche Gehalt, Unterkunft, Spesen, Reisekosten – aber tretet morgen bitte nicht wieder auf und die anderen Tage auch nicht.‹ Den Rest der Woche verbrachten wir damit, über all den Ruhm, die Frauen und den Champagner zu reden, all das, was wir wohl nie bekommen würden.«

»Sie haben beide viel Marihuana geraucht zu der Zeit, oder?«

»Wir haben alle viel geraucht damals. Ich rauche, seit ich sechzehn bin. Hat mir nie geschadet.«

»Wie nannten Sie Marihuana damals?«

»Rafa. Das war ein Kürzel. Hieß so viel wie ›Hat einer was?‹.«

»Einmal sollen Sie und Gilberto zu einer psychiatrischen Anstalt gefahren sein, um sich Irre anzugucken. Wahre Geschichte?«

»Ja. Wir wollten gucken, wie die aussehen. Hielten es für eine gute Idee damals. Gar nicht ungefährlich, ehrlich gesagt. Sie hätten uns ja auch dabehalten können.«

»Und? Wie sahen die aus, die Irren?«

»Ich hab's vergessen. Wir waren zu bekifft damals.«

Beide Joãos, Donato und Gilberto, waren erst ihrer Zeit voraus, und als Anfang der Sechziger dann der große Bossa-Nova-Zug losging, verpasste Donato den Ruhm deshalb, weil er bei dem legendären Carnegie-Hall-Konzert in New York nicht dabei war, das die anderen zu Weltstars machte. Donato war zwar eingeladen worden, aber erst einen Tag vorher. Er empfand das als Frechheit: »Ich hatte ein Leben, eine Familie – da können sie nicht eine Woche vorher Bescheid sagen?«

»Bossa Nova at Carnegie Hall« war das Konzert, das die Bossa Nova nach draußen trug; der Moment, in dem sie in die Welt geschleudert wurde. Es fand statt am 21. November 1962, einem verregneten Abend, mit dabei waren Jobim, Roberto Menescal, Carlos Lyra, der Bandleader Sérgio Mendes (berühmt durch »Mais Que Nada«), der Drummer Milton Banana und ein Haufen weiterer Musiker. Und João Gilberto natürlich, der wie ein Guru begrüßt wurde – dabei hätte er fast abgesagt, weil seine Hosennaht nicht gerade war.

Es war der Start seiner internationalen Karriere, die zwei Jahre später mit der Platte *Getz/Gilberto* – aufgenommen mit dem Saxofonisten Stan Getz für das Label Verve – in den Himmel steigen sollte. Auch darum, weil sich darauf das »Girl from Ipanema« befand, das er mit Astrud eingesungen hatte.

Das Carnegie-Hall-Konzert war aber auch das Ende der bis dahin so eingeschworenen Bossa-Nova-Gemeinschaft, die in Rio jeden Tag Lieder geschrieben und Musik gemacht hatte. João und Astrud zogen nach New York und trennten sich bald; Sérgio Mendes und Carlos Lyra gingen nach Los Angeles; Jobim nahm mit Sinatra auf, in Brasilien regierte das Militär – praktisch innerhalb eines Tages zerbrach die Gruppe. Als sie sich nach draußen bewegten, verschwand auch die Energie, die sie zusammengeschweißt hatte. Amerikanische Jazzer übernahmen jetzt den Klang: Miles Davis, Stan Getz, Charles Byrd, Gerry Mulligan, Herbie Mann, Gil Evans, Sarah Vaughn, Frank Sinatra. Alles und jeder wurde Bossa Nova.

»Was für ein Tier ist die Bossa Nova, lieber Donato?«
»Ein Vogel.«
»Welcher?«
»Ein Sabiá, eine Singdrossel. Ich hab ihn vor vielen Jahren mal im Hinterhof eines Freundes gehört.« Er pfeift eine Melodie, natürlich das »Girl from Ipanema«. »Seltsam, dachte ich

und fragte den Hausmeister, der gerade im Garten arbeitete: ›Welcher Vogel pfeift so?‹
›Der Sabiá‹, sagte der Mann, ›immer dann, wenn die Jungen aus dem Nest geschlüpft sind.‹
Ich glaube, dass er's da her hat.«
»Wer?«
»Jobim. Ich glaube, er hat den Gesang des Sabiá vertont, als er das ›Girl from Ipanema‹ schrieb. Ist ganz einfach, da eine Melodie draus zu machen. Und Jobim war ja dauernd im Garten, in der Natur.«
»Eins der schönsten und berühmtesten Lieder der Welt stammt von einem Vogel?«
»Warum denn nicht?«
»Kann man Frauen mit Musik gewinnen?«
»Nicht die, denen man sie widmet, glaube ich. Musen sind kalt. Sie müssen wohl so sein. Ich hatte mal eine Freundin, Leila. Ich schrieb ihr drei Stücke: ›Leila 1‹, ›Leila 2‹, ›Leila 3‹. Sie verließ mich. Dante Alighieris Beatrice war auch kalt. So kommt die Inspiration: Viele kalte Frauen, die du nicht bekommen kannst, du wirst melancholisch, schreibst ein Lied, und die Leute, die's hören, werden auch melancholisch und denken an die Frauen und Männer, die sie ebenfalls nicht bekommen konnten. Das ist der ewige Kreislauf der Sehnsucht, mein Freund.«

Donato singt »La vie en rose«.

»Wann haben Sie zuletzt mit João Gilberto geredet?«
»Vor zehn Jahren. Er ist verschwunden, hat aufgehört, mit mir zu sprechen. Ich hab ein paarmal versucht, ihn anzurufen, aber er geht nie ran.«
»Ist das nicht traurig? Sie sind Freunde.«
»Wir sind Freunde, aber wir reden nicht.«
»Warum schläft er tags und ist nachts wach?«

»Keine Ahnung. Ich mach's ja selber so.«
»Was ist auf seiner Reise durch Brasilien mit ihm passiert?«
»Weiß nicht. Er war immer seltsam. Er hat da wohl was gefunden, was seine Seltsamkeit ergänzte.«
»Waren Sie auf seinem Fünfzig-Jahre-Bossa-Nova-Konzert in Rio vor ein paar Jahren?«
»Nein. Ich mag seine Konzerte auch nicht so: sechs Minuten lang derselbe Gesang und dieselbe Gitarre, immer wieder von vorn. Es ändert sich nichts bei ihm, nicht wie in Ravels *Boléro*, der zwar auch um sich kreist, aber immer woanders hingeht. Ich find's ein bisschen langweilig. Das ist eben der Preis der Perfektion.«
»Wissen Sie, wo er jetzt lebt? Ich würde ihm gern eine Nachricht hinterlassen.«
»Nein. Sollen wir einen durchziehen?«
»Ja.«

Donato kippt nach vorn, hebt sich aus dem Sessel, geht rüber zur Regalwand und fingert ein kleines Döschen hinter einer Reihe CDs hervor. Er öffnet die Dose und holt einen sehr dicken, seltsam gebogenen Joint hervor.
»Das ist das gute Haschisch aus den Wäldern von Iguaçu. Feucht und dick. Wie Lakritz. Schmeckt auch so.«
Er zündet das Ding an, nimmt einen Zug, schluckt den Rauch, gibt ihn mir. Schmeckt wirklich nach Lakritz, süß und schwer und gut.

Wir stehen am Fenster und schauen auf die Bucht von Urca. Motorboote, Segelschiffe. Am etwas kümmerlichen Strand picken Möwen Essensreste aus einer umgekippten Mülltonne.

»Haben Sie mit João dasselbe Zeug geraucht?«
»Ja.«

»Raucht er noch?«
»Garantiert.«

Bilder von João und João kommen in meinen Kopf: die beiden in Copacabana. Wie sie in den Clubs der Rua Duvivier sich gegenseitig ergänzen und fordern. Wie sich alte Töne zu neuen verbinden. Wie sie nach dem Konzert verschwitzt draußen stehen, Bier trinken, glücklich und laut sind, weil sie sich gefunden haben. Wie Flaschen rechts und links neben ihnen auf dem Gehweg zerplatzen, Flaschen, die von den Anwohnern heruntergeworfen werden, wenn sie meinen, dass es für den Lärm schon viel zu spät ist – weshalb die Rua Duvivier auch Beco das Garrafas, Flaschengasse, genannt wird. Wie der doppelte João ein doppeltes Lachen lacht, das auch ein bisschen wie Musik ist.

Was braucht eine Freundschaft, damit sie ewig hält? Darf sie nicht zu eng sein? Muss sie besonders eng sein? Braucht sie gleich starke Egos oder ein schwächeres und ein stärkeres? Ist's ein Deal, ein Vertrag, eine Liebe, die genauso schnell wieder verschwinden kann, wie sie gekommen ist?
Gottverdammte Sehnsucht.

»Alles gut mit dir?«, fragt Donato.

Ich weiß es grad nicht.

»Was ist mit Astrud? Warum versteckt sie sich in Amerika und lebt dort praktisch anonym?«
»Sie war nie wirklich gern Sängerin, glaube ich. Immer wenn sie auftrat, sagte sie: ›O Gott, es sind so viele Menschen hier. Es sind *zu viele* Menschen.‹ Ich antwortete darauf immer: ›Wie können es zu viele sein, Astrud? Eine Sängerin will doch gehört werden.‹«

Ein Flugzeug am Horizont, es kommt aus Richtung Zuckerhut. »Schon irre, dass Flugzeuge fliegen können, oder?«, sagt Donato.

»Wozu haben die Menschen eigentlich das Licht erfunden, wo's doch die Sonne gibt?«, hatte der andere João vor vielen Jahren den Geschäftsführer einer Musikladenkette mal gefragt. Solche Sätze müssen sich die beiden Joãos damals andauernd zugeworfen haben.

Zum Abschied drückt mir Donato noch einen Joint in die Hand. Ich stecke ihn in meine Zigarettenschachtel.

Schilly Schilly Bang Bang

Durch die Straßen, über die Straßen, rein in den Tunnel, drinnen im Tunnel, in der Dunkelheit, im Lärm, Gehupe, Gestank, Gegenverkehr, raus aus'm Tunnel, ausgespuckt ans Licht, ans Abendlicht der Copacabana.

Kurz nach dem Treffen mit Donato hatte ich überlegt, ein Taxi zu nehmen, entschied dann aber, wohl auch in Absprache mit dem heiligen Rauch des heiligen Lakritz-Joints, zu Fuß zu gehen.

So wanderte ich, ich weiß nicht, wie lang, bis ich in Copacabana ankam. Dem Viertel mit seiner geschwungenen Strandpromenade, das zum Synonym für Rio, ach was, Brasilien überhaupt geworden ist.

Hier spielte sich in den Fünfzigern alles ab: Im »Copacabana Palace Hotel«, wo Frank Sinatra und Ava Gardner sich bekämpften; im »Hotel Plaza«, in dessen Bar Jobim, Vinicius und all die anderen ihre ersten Auftritte hatten. In der Gasse der klirrenden Flaschen; in den Wohnungen der hübschen und schlauen Frauen.

Klingt alles glamourös und schön, nach weißen Dinnerjackets und Abendkleidern, die Wahrheit aber ist, dass Copacabana nie so sauber rausgeputzt war, wie's heute überall beschrieben wird. Heute wie damals ist es vor allem eine Gegend der

Gauner, Nutten und Halbwelt; natürlich wohnen auch normale Cariocas hier, aber sie stolpern jeden Tag über Sextouristen, Junkies und sonst wie Verlorene.

So war es auch, als João 1951 nach Rio kam, als Neunzehnjähriger. Von Juazeiro aus über Salvador da Bahia war er hergereist, Musik hatte er dort aber kaum gemacht; sich nur ein paar Radiostationen angeschaut, von denen er sich wünschte, dass sie irgendwann auch mal seinen Gesang im Land verbreiten würden.

In Rio war ihm ein Job als Sänger versprochen worden, bei der Gruppe »Garotos da Lua«, den Mondjungs. Kurz sah alles gut aus: Die Mondjungs liebten seinen Gesang, voluminös und mit Vibrato damals noch wie sein Vorbild Orlando Silva. Die Gruppe warf für João ihren alten Sänger raus, sie legten gute Shows hin, wurden im Radio gespielt. Dazu hatte ein Onkel João noch eine Stellung als Buchhalter vermittelt. Beide Jobs verlor João. Weil er unzuverlässig war, unpünktlich, manchmal einfach verschwand. Weil die Großstadt Rio nicht Juazeiro war. Weil er sich in sich selbst verlief und etwas anderes wollte. Bloß hatte er keine Ahnung, was.

João und seine Gitarre trieben sich rum in Rio, viel in Copacabana. Er verliebte sich in ein Mädchen namens Sylvia Telles, die Ballerina werden wollte und Sängerin wurde. Weil dem Vater der Typ aus Bahia nicht gefiel, trennten sie sich. João verliebte sich in die Sängerin Mariza, an deren Seite er eine Zeitlang im Clownskostüm auftrat, wofür er sich hasste. Sie trennten sich. Er nahm eine erste Platte auf, die unterging und praktisch verschollen ist; er lernte den Sänger Lucio Alves kennen, der sein Idol wurde; er traf Donato; er entdeckte das Marihuana und verliebte sich in den sanft nebligen Effekt, den es auf seine Wahrnehmung hatte. Er mietete sich bei Bekannten ein, weil er kein Geld hatte, dafür Zahnschmerzen, immer wieder. Ein anderer Sänger, Luis Telles, sechzehn Jahre älter als João, nahm ihn wie einen Sohn bei sich auf und kümmerte sich darum, dass er regelmäßig aß, sich wusch und ab und zu mal schlafen ging. Er forderte und förderte João, besorgte ihm einen Zahnarzt und – sollte sein wohl entscheidendster Freund werden: Es war seine Idee, João zu seiner Schwester nach Diamantina zu schicken.

Das alles kam allerdings erst später; von alldem wusste João noch nichts. Stattdessen fragte er sich, was die Essenz seiner Verlorenheit war: Wie er all das, die Liebe, den Schmerz, die Musik, den Rausch, die Suche, die Jugend in eine Form gießen sollte.

Ich könnte den ehemaligen Hamburger Richter, Innensenator und Zweiten Bürgermeister Ronald Barnabas Schill fragen, denn er steht direkt neben mir, in Polohemd und Shorts – in einer Bar neben dem Animierclub »Dolce Vita«, der seit der Schließung der Puffdisco »Help« Ort Nummer eins für Sex in Rio geworden ist für alle, die außer »Obrigado« und »Ronaldinho« kein Portugiesisch draufhaben. Schill ist mit einem Freund da und guckt sich die Mädchen an, die schwarzen vor allem.

Schüchtern wirkt er, irgendwie verstoßen. »Richter Gnadenlos« hieß er in Hamburg, weil er selbst kleine Vergehen mit äußerster Härte bestrafte; nachdem er mit seiner Rechtspartei eine Zeitlang die Hamburger Politik dominiert hatte, flog er aus dem Senat, weil er dem damaligen Ersten Bürgermeister eine schwule Küngelei mit dem Justizminister vorwarf. Schill tauchte ab in Brasilien, berühmt wurde er zuletzt durch ein Internetvideo, das ihn beim Koksen in Rio zeigt.

Vielleicht hat er eine Antwort auf das João-Dilemma? Auch er ist ja ein Meister des Verschwindens. Wenn auch offensichtlich nicht ganz so gut wie João.

Was ist Joãos Sehnsucht?
Sokrates sagt, die Sehnsucht sei ein beständig Seiendes, was weder wird noch vergeht. Irgendein anderer Philosoph sagt, in der Sehnsucht suchen wir nach Gott. Thomas Mann schreibt: »... wer außer sich ist, verabscheut nichts mehr, als wieder in sich zu gehen.« Hegel sagt, die Sehnsucht sei unglückliches, entzweites Bewusstsein. Und immer, immer tut sie weh.
Meine Sehnsucht ist ein Mensch in Berlin.
Und João natürlich.

»Schönen guten Abend, Herr Schill«, sage ich und drehe mich zu ihm. Aber da ist er nicht mehr. Nicht schlecht, Richter. Du hast es noch drauf. Ruf ich eben Watson an.

»Hey. Schon was Neues von Miúcha?«
»Bislang nicht, obwohl ich's mehrfach versucht habe. Ich bleib dran. Dafür bist du morgen mit Roberto Menescal verabredet. In seinem Studio in einer Lagune. Ich kümmer mich auch um ein Date mit der Sängerin Joyce. Sie hat mal Zeit in Mexiko mit ihm verbracht, Anfang der Siebziger. Und, ach ja: Auf Facebook bin ich jetzt mit seinem Profil befreundet.«
»Und? Ist er's oder ist er's nicht?«
»Es gibt zwei Theorien: Bei der einen handelt es sich um den Sohn eines reichen Freundes von João, der über all die Informationen verfügt, die auf der Seite vorkommen. Angeblich führt er das Profil mit seiner Freundin. Die zweite Theorie: João macht's selber.«
»Was spricht dafür?«
»Seine Sprache. Wie er sich auf der Seite ausdrückt. Er trennt

die Silben wie manchmal auch in seiner Musik. Er schreibt Sätze wie: Der Yo-gi ist ein gu-ter Mann; er li-ebt den Frieden und die Mu-sik. Wie bei Hô-bá-lá-lá!«

»Verarschst du mich?«

»Nein. Er schreibt wirklich so.«

»Welchen Yogi meint er?«

»Müssen wir herausbekommen.«

»Und wo wohnt er jetzt?«

»Müssen wir auch herausbekommen.«

»Und sonst so, Watson – was macht die Liebe?«

»Jeder bricht eines anderen Herz.«

»Verstehe.«

Die dunkle Ahnung des Bootsmanns

Der große alte Roberto Menescal sitzt an seinem Schreibtisch und spielt Gitarre, als ich bei ihm ankomme. Er trägt eine Armeejacke und einen weißen Bart und sieht aus wie Ernest Hemingway in nett. Heute ist Menescals dreiundsiebzigster Geburtstag. Ich habe ihm ein kleines Holzboot mitgebracht, »Happy Menescal« steht drauf.

Pling, pling, pling, macht die Gitarre.

Ein bisschen was teilt Menescal sogar mit Hemingway. Genau wie der hat Menescal früher jahrelang im Atlantik gefischt. Mehrmals die Woche war er mit seinem Kompagnon, dem Texter Ronaldo Boscoli, auf dem Meer gewesen und hatte einen Fisch nach dem anderen aus dem Wasser gezogen: Blaue Marline, Zackenbarsche, Thunfische. Auch wenn er heute nicht mehr fischt (»Bin kein Raubtier mehr«), ist er immer noch von Wasser umgeben: Um zu seinem Studio in der Lagune von Barra da Tijuca zu gelangen, besteigt man ein kleines Motorboot, das einen zu seiner Anlegestelle bringt. Wie im Dschungel ist es hier.

João Gilberto war bei den Angelfahrten damals nie dabei gewesen. Badet nicht, schwimmt nicht, segelt nicht. In den Anfangstagen der Bossa Nova aber waren Menescal und João gute Freunde gewesen. Kennengelernt haben sie sich, als João eines nachts plötzlich auf der Silberhochzeitsparty von Robertos

Eltern auftauchte. Er bat Roberto um eine Gitarre, zog ihn in ein Nebenzimmer und spielte ihm dort seine Lieder vor – zuerst natürlich »Hô-bá-lá-lá«, ein paarmal gleich und immer anders. Menescal war begeistert, die beiden verließen die Party und verschwanden für zwei Tage und zwei Nächte in den Bars, Clubs und Wohnungen von Copacabana: zwei Infizierte, die sich aneinander angesteckt hatten – und auch alle anderen ansteckten, denen sie in den nächsten achtundvierzig Stunden begegneten.

Pling, pling, pling, macht Menescals Gitarre, und er flüstert »Takataka, takataka« dazu. Es klingt wie ein Schiffsmotor, der nicht mehr anspringt. Menescal spielt seinen größten Hit – »O Barquinho« –, ein fröhliches Lied über eine sehr gefährliche Bootsfahrt, bei der sie alle fast mal ertrunken wären, weil der Schiffsmotor wirklich nicht mehr angesprungen war.

Dann legt er die Gitarre weg und sagt: »So. Du willst also João Gilberto treffen?«

»Ja.«

»Sei vorsichtig«, sagt Menescal.

»Warum?«

»João ist gefährlich. Es ist etwas Dunkles an ihm. Er verändert die Menschen, die mit ihm zu tun haben. Er könnte auch dich verändern.«

»Wie das?«

»Du wirst vielleicht den Rest deines Lebens verdammt sein.« Menescal lächelt nicht, als er das sagt.

»Vor ein paar Jahren rief mich ein japanischer Konzertmanager an. Guter, energischer Typ. Glücklich verheiratet, erfolgreich, gesund. Er wolle João für ein paar Auftritte nach Japan holen. Er verehre João, sagte er. Ob ich ihm helfen könne. Ich nicht, sagte ich. Aber ich gab ihm ein paar alte Kontakte, die ich noch hatte.

João kam nach Japan.
Die Leute dort drehten durch. Sie lieben ihn, ja. Bei einem Konzert klatschten sie fünfundzwanzig Minuten lang Beifall – fünfundzwanzig Minuten, kannst du dir das vorstellen? Nun, João saß da, stützte den Kopf in die Hände, rieb sich die Stirn. ›Mach, dass sie aufhören‹, sagte er zu dem Konzertmanager. ›Ich ertrage es nicht.‹ João nervte ihn auch noch mit allen möglichen anderen Dingen: Die Raumtemperatur stimme nicht, die Gitarre stimme nicht und so weiter und so fort. Wenn er einen Vertrag unterschreiben soll und du sagst ihm: ›Unterschreib bitte hier‹, sagt er: ›O nein, nein, das geht nicht, ich muss *hier* unterschreiben‹; und dann unterschreibt er irgendwo auf der Rückseite oder einer Serviette oder auch gar nicht. Alles ist schwierig mit ihm.
Trotzdem, die Shows waren ein voller Erfolg. Als ich davon hörte, rief ich den Japaner an, um ihm zu gratulieren. Ich versuchte es ein paar Mal, erreichte ihn aber nicht. Dann, irgendwann, seine völlig erschütterte Frau. Nachdem João weg war, hatte ihr Mann einen Herzinfarkt bekommen und wurde – aus dem Krankenhaus wieder heraus – direkt zum Alkoholiker. Ein Wrack. Ist er bis heute. So was schafft João.«
»Nein!«
»Doch. Aber ich erzähl dir noch eine Geschichte. Kennst du den Sänger Normando Santos?«
»Nein.«
»Er war einer von uns gewesen, einer von der Bossa-Nova-Crew. Ein selbstbewusster, guter Sänger. Lebte eine Zeitlang in Frankreich. Eines Tages kam er mit João zusammen, und kurz darauf veränderte sich sein ganzes Gebaren: Er begann zu flüstern wie João, sich zu bewegen wie João. Er war nicht mehr er selbst. Von diesen Geschichten gibt es Hunderte.«
»Wie flüstert und bewegt sich João?«
»Er redet stets mit sehr schwacher, sehr leiser, immer ein wenig

leidender Stimme, aber trotzdem eindringlich. Ein bisschen wie Marlon Brando in *Der Pate*. Du musst dich zu ihm beugen, um ihn zu verstehen. Sein Wahn ist ein sanfter, leiser Wahn – der gefährlichste den's gibt also.«

Zum ersten Mal seit Beginn meiner Suche bekomme ich tatsächlich Angst. Angst vor João, Angst vor dem, was passieren könnte, wenn es mir tatsächlich gelingen sollte, ihn aufzuscheuchen. Unsicherheit kriecht hoch in mir, meine Hände werden kalt, zittern leicht, ich schiebe sie in die Bauchtasche meines Mexican-Baha-Surfers.

»Ist João böse?«
»Er hat einen sehr starken Geist, der andere Menschen niederdrücken kann. Wenn er einen Raum betritt, wird alles still, wie in einem Sarg. Er ist ein Verführer. Er lebt nur nachts. Versteh mich nicht falsch, er ist ein großer, großer Künstler, aber er ist auch ...«
»Ein Vampir?«
»Ja.«

Mein Gott – wie hat es denn so lange dauern können, bis ich es verstehe; wie blind war ich denn? Natürlich muss es so sein! Seine Sonne ist der Mond, und wen er berührt, dem bringt er den Tod – entweder in der Kunst, wie so vielen Zeitgenossen, die über sein Genie nicht hinwegkamen, oder im Leben, wie dem japanischen Veranstalter, dem er den Herzinfarkt anhexte. Und auch Ricardo Cravo-Albin hatte ja zwei Wochen im Bett gelegen, nachdem João ihn angesteckt hatte!

»Listen to them – children of the night. What music they make!«, sagt Graf Dracula in Bram Stokers Roman zu Jonathan Harker, als die Wölfe heulen.

Menescal beobachtet mich und wippt ein bisschen in seinem Schreibtischstuhl.

»Woher hat er diese Kraft, Roberto?«
»Ich weiß es nicht, Marc.«
»Es soll einen Yogi geben, mal davon gehört?«
»Nein.«

»Sie scheinen immun gegen ihn zu sein, woher kommt's?«
»Ich habe mich rechtzeitig von ihm getrennt. Wirklichen Kontakt hatten wir zuletzt in New York 1962. Zur Zeit des Carnegie-Hall-Konzerts.«
»Was ist da passiert, in New York?«
»Ach, ich hatte einfach genug von seiner Art. Wir waren in Manhattan unterwegs, João wollte sich einen Hut kaufen, so einen Trachtenhut mit Feder dran. Wir gingen also in einen Hutladen. Einen sehr guten Hutladen mit vier Meter hohen Wänden und einer Riesenauswahl. Die Verkäufer brachten João einen Hut nach dem anderen.
Er: ›Der ist schön, aber gibt's den auch in einem etwas hellerem Grau?‹
Der Verkäufer: ›Ja, können wir machen.‹
João: ›Nein, nein, lieber doch nicht. Der da oben gefällt mir – obwohl …, die Feder von dem hier ist viel schöner.‹
›Können wir alles tauschen‹, sagte der Verkäufer, ›so wie Sie's wollen, machen wir Ihnen den Hut.‹
João: ›Ich weiß nicht, nein, bringen Sie mir doch den anderen … dort vom Regal.‹
Wir verbrachten vier Stunden in dem Laden, ohne dass er einen Hut mitnahm. So ist João. Wie ein Kind. Und wie oft er mich schon nachts angerufen hat, damit ich ihm eine Gitarre vorbeibringe, die er mir nie zurückgibt oder verschenkt, als wäre sie seine eigene, ohne sich für irgendwas zu bedanken, ja ohne

auch nur die Tür zu öffen, um sie entgegenzunehmen, erzähl ich erst gar nicht.«
»War er immer so, oder ist er so geworden?«
»Er ist so, seit ich ihn kenne.«
»Wo wohnt er jetzt?«
»Ich weiß es nicht.«
»Was ist der beste Weg zu João?«
»Es gibt keinen. Sie sind alle schlecht.«
»Wer ist Krikor Tcherkesian?«
»Nie gehört.«
»Wer sonst ist nah an João dran, regelmäßig?«
»Otávio Terceiro.«
»Wer ist das?«
»Mysteriöser Typ. Freund, Sklave, Manager, Diener – irgendwas dazwischen. Schauspieler auch. Heißt in Wirklichkeit nicht Otávio, sondern Moacir. Ich weiß das, weil ich vor vielen Jahren mit ihm zur Schule gegangen bin; er war auch mein Partner bei der Gitarrenakademie, die ich mal hatte. Seit Jahrzehnten Joãos engster Vertrauter. Lässt alles stehen und liegen, wenn João ruft. Auch von ihm angesteckt.«
»Der kleine Vampir zum großen Vampir?«
»Ganz genau. Finde ihn, und du findest vielleicht auch João.«
»Haben Sie seine Telefonnummer?«
»Ja. Liegt hier irgendwo rum.«
»Wunderbar.«

Noch auf dem Boot, das mich von Menescals Dschungelstudio zur Straße zurückbringt, wähle ich Otávios Nummer. Mailbox.

Neues von Watson

Ich sitze mit Laura, Cristian, Lloyd und Hannah und ein paar Bier auf der Dachterrasse des Ipanema Penthouse, als Watson anruft. Die Sonne ist gerade untergegangen, böse, unberechenbare Wellen brechen sich am Strand unter uns; immer wieder kommt jemand in ihnen um, zuletzt, vor zwei Wochen, ein Engländer.

»Ich weiß, wer der Yogi ist«, sagt Watson.
»Ich weiß, dass er ein Vampir ist«, sage ich.
»Wir sollten uns treffen«, sagt Watson.

Eine halbe Stunde später sitzen wir in einem Fischrestaurant um die Ecke. Watson trägt ein feuerrotes Kleid und sieht hinreißend aus. Wir bestellen Bier und gegrillten Bacalhao. Schnell erzähle ich von Otávio Terceiro und der Vampirgeschichte, dann ist Watson dran:

»Der Yogi heißt Paramahansa Yogananda. Er wurde vor über hundert Jahren in Bengalen geboren und ging in den zwanziger Jahren auf Befehl seines geistigen Mentors nach Amerika, um dort seine Lehren zu verbreiten. Er gründete die ›Self-Realization Fellowship‹ und starb 1952 in Los Angeles.«
»Toll, Watson, eine Yogi-Leiche, und was nützt uns die?«
»Eine ganze Menge, Yoga-Ignorant. Denn Yogananda ist der Yogi, der die Kunst des sogenannten Kriya-Yoga in der ganzen Welt bekannt gemacht hat. Er ist der Yogi, der die berühmte *Autobiographie eines Yogi* geschrieben hat, einen Esoterik-Klassiker.«

»Und woher weißt du, dass João dieser Klassiker so viel bedeutet?«
»Recherche, mein Freund. Auf seiner Facebook-Seite wird es immer wieder erwähnt. Und der Journalist Nelson Motta, ein guter Freund von João, hat einmal erzählt, dass João ihm dieses Buch schenkte mit den Worten, es sei das beste Buch der Welt und habe sein Leben verändert. Er ist Anfang der sechziger Jahre darauf gestoßen, als er in Amerika lebte; dort gibt es viele Niederlassungen dieser ›Self-Realization Fellowship‹. Viele berühmte Künstler praktizieren sie, um sich selbst zu verwirklichen, Frieden zu finden, Ruhe, Kraft, was weiß ich.«
»João sitzt die ganze Zeit zu Hause und macht Yoga – das ist es, Watson? Wir reden hier von einem Yoga-Vampir?«
»Find's raus, Sherlock!«
»Gibt es diese Self-Realization-Typen auch in Rio?«
Watson schiebt mir einen Zettel rüber.
»Sie sitzen in Laranjeiras und halten regelmäßig Sitzungen ab. Adresse und Telefonnummer stehen drauf.«
Ich kaue auf dem Bacalhao.
»Facebookmäßig was Neues, Old Watson?«
»Bislang nicht. Ich habe einen Journalisten kontaktiert, der über die Sache geschrieben hat, einen gewissen Leonardo Lichote. Er glaubt, dass es so ist, wie ich schon gesagt habe: Bekannte von João, die in seinem Namen ein bisschen Quatsch machen. Sie blockierten Lichotes Zugang, als er in der Zeitung *O Globo* darüber berichtete.«
»Hm«, mache ich.
»Und Miúcha?«
»Meldet sich nicht.«
»Das ist aber noch nicht alles«, sagt Watson.
»Nein, was kommt denn noch?«
»João hat ein Kind. Eine Tochter.«
»Das weiß ich, Watson. Bebel Gilberto in New York. Hab

schon versucht, sie zu erreichen, aber sie redet nicht. Was sind das für Neuigkeiten, die du hier anschleppst?«

»Es sind sehr interessante Neuigkeiten, mein Freund. João hat eine Tochter *hier in Rio*. Sie kam vor sechs Jahren zur Welt. Und es gibt auch eine Frau dazu. Sie ist achtunddreißig Jahre alt und heißt Claudia.«

Der Club der Selbstverwirklichten

Krishna schaut mich an. Jesus schaut mich an. Yogananda schaut mich an.

Er hat lange schwarze, in der Mitte gescheitelte Haare und ein unendlich sanftes Gesicht. Und dann hängen da noch drei Bilder von drei netten Yogis an der Wand, deren Namen ich sofort wieder vergessen habe. Einer sieht aus wie Gandhi mit Schnauzbart. Einer sieht aus wie Richard Chamberlain. Einer sieht aus wie eine schöne Frau, die mal ein Mann war. Die Frage ist nun, was sie mit João zu tun haben.

Es ist kurz nach sieben Uhr abends, ich bin im Meditationsraum der Self-Realization Fellowship in Rio, im Stadtteil Laranjeiras. Nicht weit von hier liegt auch das Hauptquartier von BOPE, der Polizei-Sondereinheit, die in den letzten Tagen verstärkt Einsätze in den Favelas fährt, um die Drogengangs unschädlich zu machen. Im Augenblick kämpfen sie gerade um den sogenannten »Complexo do Alemão«, eine Favela in Rios Nordzone, in der sich vor kurzem die Drogengangs »Comando Vermelho« (»Rotes Kommando«) und »Amigos dos Amigos« (»Freunde von Freunden«) zusammengeschlossen haben.

Die Self-Realization Fellowship befindet sich in einem ansehnlichen zweistöckigen Haus hinter einer elektrisch gesicherten Gittertür, wie es viele in Rio gibt, weil's ziemlich viele unangenehme Einbrecher in Rio gibt.

Neben mir steht John, ein freundlicher grauhaariger Amerikaner im Halbarmhemd. Er leitet die Niederlassung.

Ich geb's sofort zu: Ich bin undercover hier. Ich habe John nichts von meinem Auftrag erzählt. Ich habe ihn angerufen und gesagt, ich suche nach etwas – Ruhe, Erleuchtung, Frieden. Ich sei unkonzentriert, durcheinander, gestresst und bräuchte Hilfe, irgendeine Technik, die mich erdet. Stimmt im Prinzip ja alles auch.

John erklärt mir die Philosophie des Yogananda: durch Meditation und Atemtechnik zur Seelenruhe und Einheit mit dem Universum kommen; durch fünfzehnminütige Energieübungen das Himmelreich der Entspannung betreten; durch bewusstes Leiten der Energieströme in Hirn und Rückenmark schließlich Erleuchtung und Gottvereinigung erlangen. Mit diesen Techniken sei es dem Yogananda auf seiner Überfahrt nach Amerika gelungen, vor den anderen Passagieren eine Rede auf Englisch zu halten, obwohl er die Sprache noch gar nicht kannte!

Hochinteressanter Stoff, mein Problem ist nur, ich kann mich nicht richtig konzentrieren wegen der Neuigkeiten, die Watson mir überbracht hat: dass João vor sechs Jahren, mit dreiundsiebzig also, noch ein Kind gezeugt hat. Mit einer über dreißig Jahre jüngeren Frau aus der High Society Rio de Janeiros; einer sehr hübschen dunkelhaarigen Fernsehjournalistin namens Claudia Faissol. Ich habe sie mir auf YouTube angeschaut. Sie erzählt dort etwas von einer Dokumentation über João, an der sie arbeite, seit Jahren schon.

Der João Gilberto, der angeblich sein Zimmer nie verlässt. Der João Gilberto, der angeblich lebt wie ein Mönch und nichts tut, außer Gitarre zu spielen. Der João, von dem man sich alles vorstellen kann, nur nicht, dass er sich für eine Fernsehdokumentation hergibt. Der lichtscheue Vampir. Wie geht das zusammen? Was zur Hölle ist passiert?

»Hören Sie mir zu?«, fragt John.
»Selbstverständlich. Yogananda und Jesus verstehen sich also gut miteinander, sagen Sie?«
»Ja. Auch Jesus war ein Meister der Meditation, sonst hätte er nach der Kreuzigung nicht wiederauferstehen können. Die Atome seines toten Körpers materialisierten sich zum Jesus, der über den Tod triumphierte; zum Lichtjesus. Dazu predigte er Harmonie und Toleranz, wie Yogananda.«
»Was hält Gott von dieser Interpretation?«
»Ich kann mir nicht vorstellen, dass er was dagegen hat.«

Wir setzen uns in den Hof, John und ich. Ein Tisch ist dort aufgebaut, Tee, Wasser, Kekse. Ich nehme mir einen. Beim Backen ist für die Selbstverwirklichung noch Platz nach oben, aber Hostien schmecken ja auch nach nichts.

»Was kann die Technik der Selbstverwirklichung für mich tun, außer dass ich mich nach einer Kreuzigung eventuell zurückmaterialisieren kann?«
»Sie kann dich zu einem besseren, ausgeglicheneren Menschen machen. Sie kann dich von Süchten und Fehlern heilen. Bei mir hat's funktioniert. Ich hatte mal meinen Weg verloren.«

Es gibt ein paar Leute, die behaupten, João hätte in seiner ersten Zeit in Rio etwas zu viel mit Alkohol zu tun gehabt. Dann wieder heißt es, er hätte an Depressionen gelitten. Ruy Castro schreibt, Joãos Vater befürchtete, sein Sohn würde plemplem. Mitte der Fünfziger wurde João – auch auf Anraten seines

Cousins Dewilson – in einer Psychiatrie in Salvador do Bahia ambulant behandelt. Von João gab es dazu nie viel zu hören. Bloß ein Dialog mit einer Therapeutin ist überliefert:

»Sieh nur, wie der Wind den Bäumen die Haare zerzaust«, sagte João aus dem Fenster blickend.
»Bäume haben keine Haare«, antwortete die Psychologin.
»So wie manche Menschen keine Poesie haben«, sagte João.

Ein paar Tage später verließ João die Klinik wieder. Er gehöre nicht hierher, sagte sein Freund Cravinho zu ihm, als er ihn einmal besucht hatte.

»John, kennen Sie João Gilberto, den brillanten brasilianischen Musiker?«
»Habe von ihm gehört, ja. ›Girl from Ipanema‹, nicht wahr?«
»Angeblich ist er ein großer Anhänger des Yogananda. War er schon mal hier? Er ist ein alter Mann mit großer Brille und angezogen wie ein Buchhalter. Oft hat er auch eine Gitarre dabei.«
»Ich muss Sie enttäuschen, leider nein.«
»Was kann er vom Yogananda gelernt haben?«
»Erhöhtes Bewusstsein und die effektive Nutzung seines schöpferischen Potenzials zum Beispiel.«
»Wie?«
»Durch die Meditationsübungen, von denen ich Ihnen eben erzählte.«
»Wie läuft das ab mit diesen Übungen?«
»Sie bestellen sie, dann werden Ihnen die Anleitungen nach Hause geliefert. Dort machen Sie täglich jeweils eine Woche lang eine der Übungen. Falls Sie eine Frage haben, können Sie einen Mönch anrufen. Der berät Sie dann persönlich. Der ist sozusagen *Ihr* Mönch.«

Zu Hause, das passt natürlich gut zu João. Das ist praktisch wie für ihn gemacht. Und telefonieren tut er ja auch gern. *Will I talk like João, will I walk like João*, wenn ich die Meditationen lerne?

»Ist dies hier eine Sekte, John?«
»Nein, mein Freund. Sie können tun und lassen, was Sie wollen. Aggressionen jedweder Art sind uns fremd.«
»Was kosten die Übungen?«
»24 Dollar der erste Satz.«
»Wie schnell kann ich's lernen?«
»In vier Wochen haben Sie das Set in der Post. Dann lernen Sie erst mal ein halbes Jahr lang.«

Das ist zu lange, verdammt, so viel Zeit habe ich nicht! Bis dahin ist mir João aus den Fingern geglitten oder weggestorben – nein, ich muss *jetzt* an ihm dranbleiben.

Der Hof beginnt sich mit etwa einem Dutzend Selbstverwirklichern zu füllen, die gleich gemeinsam meditieren und singen werden. Lieder, in denen Om, Amen, Krishna und Kali vorkommen und von denen ein paar sich gar nicht so sehr von Bossa-Nova-Songs unterscheiden – bloß dass sie den Heiligen Geist beschwören statt Frauenherzen. Alte Leute sind dabei, aber auch junge, Brasilianer und Amerikaner und Deutsche, auch eine sehr hübsche Latina in Jeans und T-Shirt. Sie wirken tatsächlich alle ganz entspannt.

»Entschuldigen Sie«, sage ich zu der Latina. »Diese Geschichte, in der der Yogananda auf einmal mir nix, dir nix englisch redet, ohne die Sprache vorher gelernt zu haben – glauben Sie die?«
»Wieso denn nicht?«, sagt sie. »Wenn das das Magischste ist,

was Sie je gehört haben – woran glauben Sie denn sonst? Nur an das Offensichtliche, was Sie mit den Augen sehen können?«

Gute Frage.

Mit der gekauften *Autobiographie eines Yogi* und, für alle Fälle, einem kleinen Pappaufsteller mit den sechs Yogis drauf, die ich im Ipanema Penthouse aufstellen werde, verlasse ich das Haus der Selbstverwirklichten. Etwas neidisch sogar, ich gebe es zu.

Auf dem Weg zur U-Bahn-Station klingelt mein Telefon. Dunkle, schwere Stimme, gebrochenes Englisch. Otávio Terceiro.

Interview mit dem kleinen Vampir

Watson schaut auf die Uhr.

»Zwanzig nach neun. Er ist spät dran.«
»Keine Sorge. Der kommt«, sage ich.
»Woher weißt du das so genau?«
»Detektivische Intuition. Mach den Job ja auch schon ein bisschen länger.«

In Wirklichkeit weiß ich natürlich gar nichts. Nach allem, was mir über Otávio Terceiro erzählt wurde, ist er ein höchst undurchsichtiger Vogel. Und höchst undurchsichtige Vögel sind höchst unzuverlässige Vögel.

Wir sitzen im »Garota de Ipanema«. Das Restaurant – es gibt vor allem Barbecuefleisch und Bier hier – ist genau eine Straßenecke vom Ipanema Penthouse entfernt. Otávio hat es vorgeschlagen, aus offensichtlichen Gründen: Das »Garota de Ipanema« ist der Laden, in dem Vinicius und Jobim vor fünfzig Jahren saßen und ihr »Girl from Ipanema« fertig schrieben. Bilder der beiden hängen über dem Tisch, an dem sie immer saßen, Notenblätter, Textzeilen. Es ist der Laden, an dem das Mädchen Helô Pinheiro zum Zigarettenholen vorbeikam und einen Moment lang so schön war, dass die beiden Männer es nicht vergessen konnten. Neben Tom, Vinicius und João profitierten auch das Restaurant und das Mädchen davon – das Restaurant, indem es seinen Namen von »Bar Veloso« zu »Garota

de Ipanema« änderte und jetzt von Touristen überrannt wird, und das Mädchen, indem es eine erfolgreiche Bademodenkette mit dem Titel eröffnete.
Kann sein, dass es heute ein paar Girls from Ipanema zu viel gibt.

Watson trägt eine tief ausgeschnittene rote Bluse und übergroße Ohrringe, sieht aus wie eine etwas umfangreichere Mata Hari. Ich habe sie extra mitgebracht und auf sexy gebrieft, weil mir schon nach einer Minute am Telefon mit Otávio klar war, dass sein Englisch nicht englisch genug ist, um alles zu verstehen, und er zu den Typen gehört, die Männern Kurzgeschichten erzählen und Frauen Romane.

Und für den Fall, dass Watson nicht reichen sollte, habe ich noch etwas vorbereitet, eine Sonderwaffe: den absolut unglaublichen João-Donato-Joint, den zu rauchen ich wegen der unerwarteten Forschritte der Ermittlungen noch gar nicht geschafft habe. Er befindet sich noch immer in meiner Zigarettenschachtel – schön sicher, schön trocken, schön wirksam.

Süßer schwerer Duft aus den Wäldern von Iguaçu. Schönes Kalumet. Gutes altes Rafa. Guter alter Kiff.

Der Donato-Joint soll mir den kleinen Vampir gefügig machen. So sehr, dass er mir alles über João verrät und mich am besten noch heute Nacht zu ihm mitnimmt. Denn auch das war am Telefon mit Otávio schnell klar: dass er zu Rauschmitteln aller Art lieber ja als nein sagt.

Ein Taxi hält, ein Mann steigt aus. Er trägt einen dunklen Anzug, eine rot getönte Brille und graues wirres Haar, es reicht ihm bis zur Schulter. Er ist eine Mischung aus dem Formel-

Eins-Manager Flavio Briatore und einem explodierten Opernmaestro. Mitte siebzig, schätz' ich. Er kommt zur Tür rein.

Otávio Terceiro
Ein Stück in drei Akten.

AKT I: BIER

»Marc?!?!«
»Otávio!«

Herzliche Umarmung.

Ich stelle Watson vor. Anerkennender Otávio-Blick in den Watson-Ausschnitt, eifriges Nicken.

»Wunderbar, wunderbar!« Otávio schlägt die Hände zusammen, Otávio setzt sich.
»Was trinken Sie, Otávio?«
»Beer, please.«
»Hunger?«
»Etwas fromage, s'il vous plaît.«
»Wie viele Sprachen sprechen Sie?«
»Kaum eine wirklich, außer Portugiesisch. Aber ich kann mit jedem kommunizieren, wissen Sie? Un homme du monde!«
»Sogar mit João, wie ich höre.«
»Hahahahahaha! Genau: sogar mit João.«
»Was sind Sie für ihn?«
»Freund, persönlicher Berater, Manager. Sein Impresario, if you will.«
»Und Schauspieler auch noch?«
»Ja. Ich drehe gerade einen Film, in dem ich den Sohn einer Äffin und eines Menschen spiele.«

»Tarzan?«
»Nein. Es geht um Flaubert.«
Das Bier kommt.
»Very well, very well«, sagt Otávio und lacht wieder ganz laut. Er lacht eigentlich die ganze Zeit. Wir stoßen an.
»Wie haben Sie sich kennengelernt, João und Sie?«
»1960 war das. Ich hatte damals meinen ersten größeren Auftritt im Theater hier in Rio. Das Stück hieß *Das mechanische Auge*. Bisschen schwierig. João saß im Publikum. Einem Bekannten von mir, Ricardo, erzählte er, er habe mich gehasst.«
»Warum?«
»Er fand mich schlecht. Ungestimmt, wie er sagte. Ich konnte das nicht auf mir sitzen lassen, also fragte ich Ricardo nach Joãos Adresse und fuhr zu ihm. Er lebte damals in Ipanema, gleich hier um die Ecke, Visconde de Piraja 500, wenn ich mich recht erinnere.
Als ich vor seiner Tür stand, wusste er schon, dass ich kommen würde. Er lud mich ein, stellte mir seine Katze vor. Sie hieß Ze und starb später unter mysteriösen Umständen. Dann spielte er für mich, zwei Stunden lang. Seitdem sind wir Freunde.«
»Was verbindet Sie?«
»Wir lieben beide die Kunst; die höchste, wahrhaftigste, reinste Kunst, die möglich ist. João hat diese Kunst nicht nur *gefunden*, sondern auch *erfunden*: die Bossa Nova.«

Es folgt ein Exkurs über das, was wir schon wissen: Joãos revolutionär neue Musik, sein Geist, sein Talent. Otávio sagt oft »wir«, wenn er von João und sich redet. Manchmal gehen ihm die Wörter etwas durch, verselbständigen sich in alle Richtungen. Er spult etwas ab, wie eine Rolle, die er schon hundertmal gespielt hat, die Rolle des João-Verteidigers und -Erklärers. Die Rolle des Mannes, der den Zugangscode besitzt, aber die Nummer nicht verrät.

Spätestens meine Geheimwaffe wird das ändern. Frisches Bier, frischer Start.

»Wann haben Sie zuletzt mit João gesprochen?«
»Heute bei Sonnenaufgang, bevor er schlafen ging.«
»Wie oft sehen Sie sich?«
»Mehrmals die Woche.«
»Was tun Sie, wenn Sie so zusammensitzen?«
»Wir hören Musik und reden.«
»Worüber?«
»Wie's ihm geht, wie's mir geht.«
»Wie geht's ihm?«
»Blendend. Er weiß, dass wir gerade hier sitzen. Schönen Gruß soll ich ausrichten. Er liebt Deutschland, war auch mal da, in den Sechzigern.«
»Warum sagt er mir das nicht selbst?«
»Es ist kompliziert.«
»Was für Musik hören Sie – alte, neue?«
»Viel alte Musik. Ella Fitzgerald, Chet Baker, Nat King Cole.«
»Alle tot.«
»Ja, it's a shame!«
»Arbeitet João gerade?«
»Er kreiert die ganze Zeit. Immer. Er spielt zehn Stunden am Tag Gitarre.«
»*Zehn* Stunden?«
»Ja. Manchmal mehr.«
»Welche Lieder?«
»Sein Repertoire.«
»Immer dieselben?«
»Es sind auch ein paar neue dabei. Er plant etwas Großes, seit langem schon: eine Anthologie der brasilianischen Musik. Aber es kann noch etwas dauern, denn er spielt jedes Lied tausendmal. So lange, bis er's hat.«

»Hat er schon irgendwas davon aufgenommen?«
»Bis jetzt nicht.«
»João hat kaum Freunde – warum ausgerechnet Sie?«
»Oh, er hat mehr Freunde als ich. Er hat ein gigantisches Gedächtnis, sehr exakt. Vergisst nie jemanden.«
»Streiten Sie auch mal?«
»Wir haben uns nie wirklich gestritten, aber es gab mal eine Zeit, in der er eifersüchtig war, weil ich auch andere Musiker gemanagt habe. João braucht hundertprozentige Aufmerksamkeit. Er ist sehr sensibel.«
»Ist João auf Facebook angemeldet?«
»Nein, das sind irgendwelche Leute, denen er am Telefon mal was erzählt hat.«
»Hat er einen Computer?«
»Nein.«
»Hat er E-Mail?«
»Ich bin seine E-Mail.«
»Ist er ein Vampir?«
»Hahahahaha!
»Sind Sie einer? Es ist Abend, und Sie tragen praktisch Sonnenbrille.«
»Hahahahaha!«

Otávio geht vor die Tür, eine rauchen. Ich auch. Er Marlboro, ich Camel. Die Nachtschwärmer von Ipanema ziehen an uns vorbei, viele junge Schwule in engen T-Shirts mit Havaiana-Latschen.

AKT 2: ZIGARETTE

»Du interessierst dich sehr für João, nicht?«
»Ja.«
»Warum?«

»Es gibt zu viel, was ich nicht verstehe.«
»Viele verstehen vieles nicht.«
»Warum sind Sie Schauspieler geworden, Otávio?«
»Hab mich auf eine Anzeige gemeldet. Eigentlich wollte ich Psychiater werden, um die Seele des Menschen zu studieren, das hat aber nicht geklappt. So wurde ich zu jemandem, der die Seele der anderen zu imitieren versucht.«

Ausladende Bewegung des Otávio auf der Straße. Ein paar Schwule gucken und fragen sich: Flavio Briatore?

»Mit dem psychologischen Wissen, das Sie haben – was für ein Typ ist João?«
»Er ist absolut einzigartig. Unvergleichbar. Es war sehr schwer für ihn, der zu werden, der er ist.«
»Ist er ein freier Mann, ein gehemmter?«
»Als Künstler ist er absolut frei. Im Leben hat er manchmal Probleme. Die kleinsten Dinge können ihn verstören.«
»Welche Dinge?«
»Menschen vor allem. Er kann nicht mit vielen zusammen sein. Hat Angst vor Leuten, die er nicht kennt. Hasst Menschenmengen.«
»Aber als er nach Rio kam, war er kein Eremit. Da wohnte er bei Leuten, ging aus, musizierte mit anderen. Als er arm war.«
»Es stimmt nicht alles, was geschrieben und gesagt wird, mein Freund. Viele Leute lügen auch, weil sie dem großen Künstler damals geholfen haben wollen. Die Welt ist voll von solchen Menschen. So arm war João gar nicht. Ja, er hatte kaum Geld, aber welcher Musiker hatte das zu der Zeit? João hatte aber immer seine Familie aus Bahia im Rücken. Ärzte, Anwälte, Straßenbauer, Händler. Sein Vater hatte einen Fährtransport aufgebaut und vertrat eine Ölfirma. João musste nicht um seine

Existenz bangen; er hatte Rückhalt. Er war bloß einfach allein hier, ein Fremder.«

»Was ist in Diamantina geschehen? Der Ort, an den er flüchtete, als es in Rio beim ersten Mal nicht klappte? Wo er sich im Badezimmer einschloss und seinen Klang, seine Sprache fand?«

»Ich habe eine Theorie, aber sie ist sehr persönlich. Wollen Sie sie trotzdem hören?«

»Bitte.«

»Sie wissen, wo sich der Ort Diamantina befindet, nicht wahr? In den Bergen des Staates Minas Gerais. Viele Mineralien finden sich dort, Erze, Silber, Gold. Und eben auch, wie der Name schon sagt: Diamanten.

Nun. Das Haus, in dem Joãos Schwester mit ihrem Mann lebte, das Haus also, in dem João sich monatelang eingemietet und gespielt hat – das steht auf einem Grundstück, auf dem sich eine Diamantenmine befindet. Diamanten haben eine besondere Wirkung. Sie strahlen, nicht nur auf Frauen. Diamantkristalle geben Kraft und Energie. Sie heilen und reinigen. Sie schaffen Klarheit. Und von dieser Strahlung hat João was abbekommen. Die hat ihn geordnet, nachdem er eine Zeitlang durcheinander war.«

Otávio flüstert nicht, während er redet. Er sagt das alles ganz deutlich und bestimmt, als wäre es eine wissenschaftliche Erkenntnis.

»Hat João das gesagt?«

»Ich sage das. Ich komme ja auch aus Minas, aus Belo Horizonte. Auch wir hatten Kristalle im Garten, sie haben mir nie geschadet, im Gegenteil.«

»Klingt ein bisschen irre, Otávio. Und warum hat man das Haus nicht abgerissen, wenn sich so viele Diamanten darunter befinden?«

Er sieht mich an, als sei ich komplett dumm:

»Weil's vielleicht keiner weiß?«

Zurück ins Restaurant. Auf dem Weg zum Tisch denke ich: Diamanten, Diamanten, Diamanten. Ich denke auch: Hunger, Hunger, Hunger. Die Picanha soll hier ganz gut sein, gegrilltes Sirloin-Steak.

»Essen wir jetzt was Richtiges, Otávio, 'ne schöne Picanha?«
»Danke nein, ich esse später noch mit João. Fahre hiernach gleich zu ihm.«
»Ach? Was gibt's?«
»Pizza vielleicht.«
»Kein Steak?«
»Heute nicht.«
»Können Watson und ich mit?«
»Hahahahaha!«

Schulterklopfen, gute Laune. Ich bestelle die Picanha trotzdem. Und mehr, viel mehr Bier für Otávio.

»Wer ist Krikor Tcherkesian, Otávio?«
»Armenier. Alter Freund, der auch mal als Berater und Produzent von João gearbeitet hat. Un grande impresario. Lebt heute in São Paulo, managt ein Kaufhaus oder so.«
»Wer ist Claudia Faissol?«
»Zu persönlich.«
»Wie heißen Sie wirklich, Otávio?«
»Ich heiße Otávio.«
»Nicht Moacir?«
»Otávio!«
»Wie wichtig ist der Yogananda für João?«

»Zu persönlich.«
»Hat er ein Lieblingsbuch?«
»Er liebt den brasilianischen Dichter Carlos Drummond de Andrade. Und er mag den Rhythmus eures Rainer Maria Rilke, seine *Briefe an einen jungen Dichter*.«
»Dieses Traktat über die Einsamkeit?«
»Dieses Traktat über die Kunst.«
»Wie mussten Sie Ihr Leben ändern, um mit João befreundet zu sein?«
»Komplett. Ich lebe zu seinen Zeiten. Habe den Strand aufgeben müssen – und Sie wissen, was das für einen Carioca bedeutet. Meine Frau hasst mich oft, weil ich kaum Zeit für sie habe. Die Schauspielerei geht grad noch. Das Affenkind, das ich spiele. Wir drehen in Petropolis.«

Die Picanha kommt. Wunderbares Fleisch, von dem man nicht genug bekommen kann. Auch Otávio langt zu, trinkt mehr. Ein Rosenverkäufer kommt vorbei, Otávio kauft drei Rosen, eine für mich, zwei für Watson. Dann springt er auf, macht seine armschwingenden Otávio-Bewegungen und singt eine Zeile aus »A Felicidade« von Jobim und de Moraes:

Tristeza, não tem fim
Felicidade sim

Die Trauer endet nie
Das Glück schon

Otávio skandiert, so wie er es getan hatte, als er mal mit João auf Japantour war, auf der so viel geklatscht wurde. Zur Zugabe, »A Felicidade« eben, sei er, Otávio, zu João auf die Bühne getanzt wie ein Derwisch, vor Tausenden Japanern, während João einfach nur auf seinem Stuhl saß, müde und ausgelaugt.

Dann sei er zu João hin, habe ihm ein Zauberwort ins Ohr geflüstert, und João, neu erfrischt, sang:

Tristeza, não tem fim
Felicidade sim

»Ein Zauberwort?«
»Ja! Ein Wort, das nur zwischen uns beiden gültig ist.«
»Wie lautet es? Hô-bá-lá-lá?«
»Hahahahahaha!«

Die Zeit des Donato-Joints ist gekommen. Ich will ihn Otávio gerade präsentieren, da klingelt sein Telefon. Er schaut aufs Display, springt auf, verschwindet Richtung Ausgang.

AKT 3: DER SINATRA-KOMPLEX

Otávio steht auf der Straße. Er hat das Telefon am Ohr und nickt eifrig.

»Muss gleich los«, sagt er, als das Gespräch vorbei ist.
»João?«
»Mhm.«

Wir zünden uns Zigaretten an, ich spiele mit dem Joint in meiner Tasche. Otávio dreht sich zum Restaurant zurück, wo die Leute sitzen und essen und trinken. Großer Betrieb herrscht jetzt dort, Brasilianer essen spät. Er zeigt auf den Tisch, an dem Jobim und Vinicius einst saßen. Den Tisch mit den Bildern und Songzeilen.

»João sollte auch hier hängen«, sagt er. »Hier, in diesem Laden, in dem sie dem Girl from Ipanema ein Denkmal gesetzt haben.

Es ist ein großes Lied – aber was wäre es ohne Joãos Gesang und seine Gitarre? Wäre es ohne ihn so federnd und leicht in jedermanns Seele hineinspaziert ohne seine Formel?«

Dann singt er wieder, spöttisch und spotzend:

Tall
And tannn
And young
And luvly
The gurl from Ipaneima
Goes walking
And – when – she – passes
Each – wun – she – passes
Goes aaahhhh

»Stattdessen nahmen sie Frank Sinatra!«, ruft Otávio und wirft die Hände in die Luft.

»Frank Sinatra?«

»Ja!«

»Was hat der damit zu tun?«

»Viel!«, ruft Otávio. »Denn zu *ihm* hätte Jobim seinen Freund João 1967 doch mitnehmen müssen, als er dort sein Bossa-Nova-Album mit dem damals berühmtesten Sänger der Welt aufnahm! João war es doch, der wusste, wie man zu singen und Gitarre zu spielen hat! Jobims Gitarrenspiel war doch ein Witz! Der aber interessierte sich nur für seinen eigenen Weltruhm – und verriet seinen Erfinder an Sinatra! Was herauskam, war eine gigantische künstlerische Niederlage. Ein Easy-Listening-Fiasko, das kurzfristig sogar aus Sinatras Katalog genommen wurde, weil's der Plattenfirma peinlich war.«

»Die Platte gilt heute als Klassiker, Otávio.«

»Das beweist gar nichts, mein Freund – außer dass die meisten

Menschen von wahrer Schönheit keine Ahnung haben. Sie hätte ein Klassiker werden können, wenn João drauf gespielt und mit Sinatra gesungen hätte. Er hätte Sinatra zeigen können, was Bossa Nova *ist* – wie man sie singt, fühlt, interpretiert. So aber kam nur eine teure Kopie heraus – mit einem alternden Sänger, der versucht, sich an den Klang der Jugend heranzuwanzen. Wäre João dabei gewesen, wäre *er* zum Superstar geworden. Denn nur *er* ist Bossa Nova.«

João ist verletzt und beleidigt und kann es bis heute nicht vergessen – ist es so einfach? Und tatsächlich haben Jobim und João seitdem ja nie mehr was zusammen aufgenommen und kaum miteinander geredet.

»Sinatra und João gemeinsam im Studio – das hätte funktioniert, Otávio? Sinatra war Mafiosi, João ein Perfektionist, der ihn gezwungen hätte, jeden Ton hundertmal zu proben, bevor er ihn vor Publikum singt. Die beiden hätten sich umgebracht.«
»Sie wären die besten Freunde geworden«, sagt Otávio.
»War João nie traurig über den Bruch mit Jobim?«
»Er schätzt ihn als Komponisten, aber für João konnte er weder spielen noch singen – was sollte er mit ihm?«
»Ist João ein harter Hund?
»Nein. Er ist hochsensibel. Authentisch. Viele Dinge tun ihm weh. Zu viele manchmal.«

Auf einmal weiß ich, was zu tun ist. Ich lasse Otávio draußen stehen und laufe ins Restaurant zurück. Dort hole ich den Joint aus der Zigarettenschachtel, nehme einen Stift und schreibe »Hô-bá-lá-lá« darauf. Den soll Otávio João geben, wenn er gleich zu ihm fährt. Den soll João rauchen. Der Donato-Joint wird ihn zurückbefördern in die Zeit, in der er noch kommunizierte. Er wird ihn zurückbefördern in die Zeit, als noch alles gut war mit allen. Er wird verstehen, dass ich ihn verstehe.

Ich werde ihm Drogen schicken. Wer kann dazu schon nein sagen? Verletzten muss man Gutes tun. Verletzte brauchen Zuneigung. Verletzte brauchen Geschenke.

»Ich habe etwas für João«, sage ich, als Otávio noch einmal an den Tisch tritt.

Otávio lacht wieder laut los, nachdem ich ihm Herkunft und Geschichte des Joints erklärt habe. Er steckt ihn ein und freut sich.

»Very well, very well. Und nun muss ich leider gehen.«
»Zahlen!«, rufe ich. Es muss alles schnell gehen jetzt.

Verfolgung!

Das Taxi, in dem Otávio Terceiro sitzt, befindet sich fünf Autos vor uns in der rechten Spur. »Folgen Sie diesem Wagen«, hatte ich zum Fahrer des Taxis gesagt, das wir uns schnell griffen, nachdem wir aus dem »Garota de Ipanema« gehastet waren; seltsamerweise sprach ich fehlerfreies Portugiesisch. Watson hatte mich angesehen wie einen Verzauberten. Wie Yogananda, der auf der Überfahrt nach Amerika auf einmal hatte englisch reden können.

»Du bist irre, Sherlock.«
»Ganz im Gegenteil«, sage ich.
»Ist das deine erste Verfolgungsjagd?«
»Die zweite.«
»Worum ging's bei der ersten?«
»Um eine Frau.«
»Hat's was genützt?«
»Kommt drauf an, wie man's sehen will.«

Wir wühlen uns durch die Visconde de Piraja, Richtung Leblon. Es ist viel los auf den Straßen, Samstagnacht, Rio erwacht. Schöne junge Frauen und Männer links und rechts, Frauen und Männer, die Spaß haben wollen. Unser Fahrer fädelt sich ein, umkurvt, beschleunigt. Er macht seinen Job gut, wir sind jetzt nur noch zwei Wagen hinter Terceiro. Ich sehe seinen Hinterkopf.

Wir biegen in die Avenida Ataulfo de Pavia, vorbei am »Rio Flat Hotel«. An der Kreuzung Rua Carlos Gois fädelt sich Otávios Wagen links ein und blinkt.

»Hier waren wir neulich schon«, sagt Watson. »Da ist das Café, in dem wir saßen, erinnerst du dich? Und da, das Kino, in dem sie *Tropa de Elite 2* zeigen.«

Otávios Wagen biegt in die sehr schmale Rua Carlos Góis ab und hält ein paar Meter weiter neben einem Müllcontainer. Gegenüber, neben der gelben Fassade des Kinos, befindet sich ein schmuckloses weißgraues Apartmenthaus. Ich zähle zwölf Stockwerke, im Erdgeschoss ist ein DVD-Verleih. Wir lassen Otávio zahlen und zum Eingangsgitter rechts vom Haus gehen, dann steigen auch wir aus.

Otávio klingelt, das Gitter klackt auf, Otávio verschwindet in der Dunkelheit, mit sich, seinem Wahn, meinem Joint.

Watson und ich sehen am Gebäude hoch. Von der Hauptstraße dröhnt und hupt es. Im achten Stock geht Licht an.

»Da wohnt er«, sage ich.
»Sollen wir rein?«, fragt Watson.
»Noch nicht. Einen Vampir sollte man nie unvorbereitet treffen. Und zwei erst recht nicht.«

Unterwegs nach Diamantina

Der verrottende graue Busbahnhof in Rios Nordzone ist einer dieser Orte, vor denen sie dich hier warnen: nur Crackjunkies und Auftragskiller! Häng da nicht zu lange rum! Fahr hin, hol dein Ticket, setz dich in den Bus und fahr schnell wieder weg! Würd ich gern machen, aber meine Gitarre und ich sind zu spät. Es ist kurz vor zwölf, die ersten drei Busse sind schon weg. Mögliche Mörder sind nicht zu sehen, nur ein paar Versprengte, die in dieser Sonntagmittagstristesse noch irgendwohin müssen – zu Kranken, Verwandten oder zu ihren Jobs, die sie am Montag an viel zu weit entfernten Orten erledigen müssen.

Nachdem ich gestern von der Terceiro-Verfolgung nach Leblon zurückgekommen war, hatte ich eigentlich vorgehabt, sofort schlafen zu gehen, um heute gleich den ersten Bus nach Diamantina zu nehmen. Denn ohne Diamantina, das wurde mir klar, komme ich nicht weiter. Ohne Diamantina ist Joãos Weg nicht zu verstehen, egal, ob er nun von Diamanten befeuert wurde oder nicht.

Im Ipanema Penthouse aber hatten sie eine Party gehabt, als ich dort eintraf: Laura und Cristian hatten ein paar Freunde eingeladen, Brasilianer, Italiener, Amerikaner. Wir hatten getrunken und geraucht bis weit in den Morgen. Ich musste erst das Treffen mit Otávio verarbeiten und die Tatsache, dass wir Joãos Zuhause gefunden hatten, also machte ich mit, obwohl das Marihuana mit dem des Donato-Joints in nichts zu vergleichen war. Die Art Faveladroge, die demnächst von Militärpolizisten verbrannt werden würde. Oder weiterverkauft.

»Und, wie kommst du voran?«, hatte Cristian gefragt.
»Ich weiß es nicht, ehrlich gesagt«, sagte ich. »Jeder, den ich treffe, jeder Zeuge, den wir vernehmen, erzählt eine andere Geschichte: Für die einen ist João der netteste, sensibelste Mensch der Welt, für die anderen ein düsterer Vampir, der sein Umfeld ausblutet. Zarter Engel oder böser Teufel, auf diese Dualität läuft es hinaus.«

Jeder Fall ist anders und jeder Fall ist gleich, hat Kommissar Maigret mal gesagt. Wie würde er den hier beurteilen, mein Seelenbruder, mein Vorbild?

Ich war kurz sehr wütend geworden auf João. Zum ersten Mal fand ich sein Verhalten, das ganze mysteriöse Getue um seine Person, unsympathisch und unangenehm: Warum für immer auf beleidigt machen, bloß weil Jobim damals mit Sinatra gearbeitet und ihn nicht mitgenommen hatte? Warum Kollegen wie Menescal und Lyra, die klug, begabt und freundlich waren, so schlecht behandeln? Warum mich ignorieren, der offensichtlich seine Lieder liebt und dafür sorgen will, dass noch mehr Menschen sie hören können? Warum nicht runterkommen von dem Großolymp, auf dem er sich verschanzt, und einfach die Kunst sprechen lassen, seine Musik?

Ich mochte ihn gerade überhaupt nicht. Auch deshalb entschied ich, nachdem ich Otávio noch eine »Wie war der Joint?«-Mail geschrieben hatte, Rio erst mal zu verlassen und aufs Land zu fahren, dorthin, wo allem Anschein nach auch João Ruhe gefunden hatte. Die weiteren Ermittlungen in Rio habe ich an Watson delegiert. Sie macht ihre Sache ja ganz ordentlich.

Ich kaufe mir eine Teigtasche mit zerschlagenem Huhn, zwei Softdrinks und eine Flasche Wasser und steige in den Bus. Außer der Gitarre habe ich nur einen kleinen Rucksack mit frischem Hemd, Zahnbürste und Yoganandas *Autobiographie eines Yogi* dabei, in der ich abends regelmäßig lese. Gerade ist Yogananda unterwegs zum Himalaya, um sich erleuchten zu lassen. Es ist ein großer, moderner Reisebus mit bequemen Sitzen, nur zu einem Viertel gefüllt. João wird damals nicht solche Sitze gehabt haben.

Als er Rio 1956 nach seinen ersten Misserfolgen auf Anraten seines Freundes Luis Telles verließ, weil der sich Sorgen um seinen Geisteszustand machte, verbrachte João erst ein paar Monate in Porto Alegre, wo Luis ihn im besten Hotel unterbrachte und allen Leuten vorstellte, die er kannte. Kurz schien es João besser zu gehen: Er trat in Bars auf, die Menschen respektierten ihn, erkannten sein Talent, schenkten ihm eine Gitarre. Aber weil Porto Alegre am Ende auch nur Rio in kleiner war, eine Stadt also mit all den typischen Abläufen und Ritualen, fiel João ein paar Monate später wieder in seinen alten traurigen Zustand zurück. Telles entschied, ihn nach Diamantina zu schicken, zu Joãos Schwester. Und wie durcheinander João war, ist schon daran zu erkennen, dass er zuerst den falschen Bus bestieg, der ihn viele hundert Kilometer von Diamantina entfernt absetzte. Bis er dann irgendwann doch ankam.

Wir kommen gut aus Rio raus, es herrscht kaum Verkehr, und bald schon sind links und rechts vom Highway keine Häuser mehr zu sehen, sondern flaches, weites, ein bisschen langweiliges Land. Ich stelle meinen iPod auf *João Gilberto*, das sogenannte »Weiße Album«, das er 1973 in ein paar Nächten im Keller eines Hauses in der West 86th Street, Manhattan, aufgenommen hat. Für viele seiner Fans ist es das beste, was er je gemacht hat, sogar besser als *Chega de Saudade*.

Es ist eine seltsame Platte, voller Stille und ganz und gar reduziert. Kein anderes Instrument, nur Joãos Gesang und seine Gitarre sind darauf zu hören und im Hintergrund, weit weg, etwas Percussion. Es klingt, als seien Geister im Studio gewesen. Geplagte Geister, die zum ersten Mal seit langem etwas Ruhe gefunden haben.

João Gilberto wurde aufgenommen von der Produzentin Wendy Carlos, die ein Jahr vorher noch ein Mann gewesen war. Durch eine Operation hatte er sich zur Frau umwandeln lassen. Geschah damals noch nicht so oft. Sie wurde geboren als Walter Carlos in Rhode Island, fing mit sechs an, Klavier zu spielen, und studierte später Musik und Physik an der Brown University in New York. Als eine der Ersten begann sie mit dem von Robert Moog erfundenen Synthesizer zu experimentieren, und nahm ein Album mit Bach-Kompositionen auf, das sich über eine halbe Million Mal verkaufte: *Switched on Bach*. Als der Regisseur Stanley Kubrick diese Platte hörte, holte er Carlos sofort nach England, um sie die Filmmusik zu *Uhrwerk Orange* schreiben zu lassen.

Die hypnotische und dunkle Stimmung ihrer/seiner Musik findet sich jedenfalls auch auf *João Gilberto* wieder, der ein Jahr zuvor den Yogananda für sich entdeckt und zu meditieren begonnen hatte. Zudem interessierten sich beide für Astrologie. Carlos fotografierte jede Sonnenfinsternis, die sie kriegen konnte; sie besitzt eine ganze Sammlung von Sternenbildern.

Geister, überall Geister:
Der Geist eines Mädchens im Körper eines Mannes, der sich zur Frau hatte machen lassen.
Der Geist eines Yogis im Kopf eines Brasilianers im Exil.

Der Geist der Sterne, wenn sie denn so was überhaupt haben. Der Geist der Musik.

Genau das passiert auf *João Gilberto*: Ein Mensch wird zur Musik, verbindet sich mit ihr, geht völlig in ihr auf. Er transzendiert. João selber soll das Endergebnis, wie so oft, später gehasst haben; es gab Querelen und Streit – so viel, dass Wendy Carlos heute sogar leugnet, je im Studio gewesen zu sein: »Es tut mir leid, Sie unterliegen einem Missverständnis, ich kenne diesen João Gilberto nicht und hatte nie etwas mit ihm zu tun«, schrieb sie mir in einer E-Mail. Mythischer geht's ja gar nicht.

Immer wieder, während der Bus durch Minas Gerais rollt, höre ich dieses eine Lied, »Valsa«. João hat es selbst geschrieben, im Untertitel heißt es »Wie schön die Yogis sind«. Es gibt keinen Text, keinen Harmoniewechsel, keine Brücke – bloß eine einzige, sich ewig fortschraubende Melodie, getragen nur von Joãos Stimme:

Da da
dadadadadada DA da da
da da
da
dadadadada
dadadada da da

Drei Minuten und neunzehn Sekunden lang. Ein bisschen wie die Om-Lieder, die ich bei den Selbstverwirklichten gehört habe. Sie nannten sie »Kosmische Gesänge«. Ein bisschen auch wie das, was Richard Wagner mit seinem Begriff der »unendlichen Melodie« gemeint haben könnte. »In Wahrheit ist die Größe des Dichters am meisten danach zu ermessen«, schrieb er 1860 ein bisschen kryptisch in seiner Broschüre *Zukunfts-*

musik, »was er verschweigt, um uns das Unaussprechliche selbst schweigend sagen zu lassen; der Musiker ist es nun, der dieses Verschwiegene zum hellen Ertönen bringt, und die untrügliche Form seines laut erklingenden Schweigens ist die unendliche Melodie.«

Und wenn ich auch vorhin wütend auf João war und nicht verstand, warum er sich so verschließt, dann ist es, während ich dieses Lied höre, doch völlig unmöglich, ihn zu hassen – weil die Sanftheit, mit der er dieses kinderliedeinfache Stück singt, so unglaublich berührend ist. Etwas zutiefst Uneitles ist daran. Im Grunde ist es eine Meditation: höchstmögliche Entspannung bei höchstmöglicher Präzision. So, genau so muss es im Badezimmer geklungen haben, als er immer wieder dasselbe spielte. So, genau so muss es klingen, wenn er heute allein in seinem Apartment sitzt.

Auch er ist eine Art Yogi.

Immer wieder schlafe ich ein während der Fahrt, die Musik im Kopf. Meine Träume erinnere ich nicht. Einmal halten wir an einer Raststätte namens São Geraldo, dort kaufe ich noch ein Hühnersandwich und rauche eine Zigarette. Irgendwann sind wir in Belo Horizonte; dort steige ich in den Bus nach Diamantina. Die Straße ist schmaler und kurviger jetzt, die Gegend hügeliger. Wieder schlafe ich ein. Dann, spätnachts, bin ich in Diamantina.

Diamantina

Krumm und schief ist der Ort, in dem der Bus hält. Kopfsteinpflaster und gewundene Straßen überall, dazu dröhnt ein Lied von David Guetta, das mich auch in Rio überallhin verfolgte, durch das Viertel, in dem sich der Busbahnhof befindet. Die Gitarre und ich stolpern sofort, als wir aussteigen, außerdem sind wir beide hungrig: ich nach Essen, die Gitarre danach, mal wieder gespielt zu werden, am besten in einem Badezimmer. Es ist kurz vor Mitternacht.

»Gibt's ein Hotel hier irgendwo?«, frage ich einen Typen, der mir im Bus gegenübersaß.
»In dieser Gegend nicht, es ist gefährlich hier«, sagt er und zeigt auf eine Straße, die in endlose Schwärze zu führen scheint. »Geh hier hinunter, ins Tal, bis zur Kirche, dort gibt es Hotels.«

Die Gitarre und ich tun das. Genau wie João es vor vierundfünfzig Jahren getan haben muss. Schatten kommen uns entgegen, ich fürchte mich ein wenig. In Rio hatte ich auf der Straße nie Angst, obwohl einen immer jeder davor warnt. Hier aber ist alles düster und unbekannt, mit der Gitarre auf dem Rücken fühle ich mich fremd und behindert. Die Schatten sind aber nur junge Mädchen, und als ich sie nach dem Weg frage, sind sie freundlich.

Dann, hinter einer Kurve, eröffnet sich im Tal der Ort: Klein und friedlich wirkt er, die Barockkirche leuchtet gelbgolden vom Hauptplatz, in den Gassen Laternenlicht, das vom Pflaster reflektiert wird. Im Hintergrund eine dunkle, gleichförmige Bergkette, in der wohl mal Gold, Diamanten, Erz und Silber gefördert wurden. Im Reiseführer stand etwas von den ersten außerhalb Asiens gefundenen Edelsteinen, von Unesco-Welterbe und intakten Kolonialbauten, und wenn ich jetzt ein Foto machen und es meinen Eltern schicken würde, würden sie sagen: Pittoresk, da fahren wir auch mal hin.

Angst geht, Ruhe kommt.

Eine Treppe führt mich runter in den Ort, sofort umfangen mich Gelächter, Gespräche, Gläserklirren aus Bars, Restaurants, Cafés, Diamantina ist noch wach. Viele Studenten leben hier, hatte mir Cristian in Rio erzählt, der Karneval sei einer der besten Brasiliens, und noch während ich auf der Suche nach dem Hotel hübsche Studentinnen anspreche, von denen ich hoffe, dass sie ein bisschen Englisch verstehen, verliebe ich mich viermal, aber nur kurz, denn ich bin ja schon in eine Frau in Berlin verliebt.

Das Hotel, zu dem mich zwei Studentinnen führen, liegt in der Nähe der Kirche und heißt »Reliqiuas do Tempo«. Es ist eingerichtet wie eine österreichische Dorfpension – mit Holzbetten und karierten Laken. Ich stelle die Gitarre und mein Gepäck in die Ecke und gehe wieder nach draußen, in die Nacht.

Sofort mag ich diesen Ort, sofort verstehe ich, wie sich João hier gefühlt haben muss, als er nach all dem Stress in Rio, dem Lärm, den Anforderungen, eine Karriere hinzukriegen, hier angekommen ist bei seiner Schwester Dadainha und ihrem Mann, dem Straßenbauingenieur Pericles, und der kleinen Tochter, die sie hatten. Die Luft ist wunderbar kühl und klar, die Menschen schlendern, statt zu hetzen, und wirken nicht so, als müssten sie ständig was beweisen. Abgesehen von ein paar Autos, die wie Fremdkörper in den Gassen geparkt sind, wirkt Diamantina wie im 18. Jahrhundert eingefroren. Das Gehen allerdings ist anstrengend: Auf und ab windet sich das Pflaster, wie Wellen aus Stein.

Ist João deshalb so viel zu Hause geblieben, weil das Spazierengehen hier so anstrengend war? Mit dieser Frage im Kopf setze ich mich in ein Restaurant und bestelle Bier und Steak. Und während ich es esse, kommt mir die nächste, viel schwierigere Frage in den Kopf: Wie bekomme ich heraus, wo Dadainha und Pericles wohnen oder gewohnt haben? Ich habe nämlich nicht die geringste Ahnung, wie sie mit Nachnamen heißen. Und die betrunkenen Studenten um mich herum sehen nicht so aus, als könnten sie mir da besonders weiterhelfen.

Bar »A Baiuca«

Wenn du nicht weiterweißt, geh in eine Bar, hat mal irgendein Meisterdetektiv gesagt. Philip Marlowe? Sam Spade? Es fällt mir grad nicht ein. Columbo war's nicht, so viel ist sicher. Sicher ist auch, dass die Chancen, jemanden über Bar-Recherchen zu finden, in einer Vierzigtausend-Einwohner-Stadt wie Diamantina besser stehen als in L. A. oder Rio. Heißt aber auch noch nix.

Der Laden, den ich mir ausgesucht habe, liegt in der Hauptgasse im Zentrum und heißt »A Baiuca«. Warum gerade er? Weil dort alte Menschen herumsitzen. Menschen, die damals schon da waren. Menschen, die sich vielleicht erinnern können. An João.

Es ist zwölf Uhr mittags, als ich die Bar betrete, wie in dem Film mit Cary Grant. Und genau wie er trete ich auch auf.
»Okay, Freunde«, sage ich in die Runde der jetzt schon besoffenen Greise. »Wer von euch ist der Älteste hier?«
Den Satz habe ich vorher auswendig gelernt, mit *Langenscheidts Universal-Wörterbuch Portugiesisch*.

Sofortige Unterbrechung aller Gespräche, Stille, gegenseitiges Angaffen, Schulterzucken: Wer ist der Typ? Egal. Weitertrinken. Menschen, die in einer Minenstadt leben, sind komischere Vögel gewöhnt als mich.

Einer der Barmänner kommt auf mich zu, ein kleiner Schwarzhaariger mit Schnauz, er spricht etwas Englisch.

»Worum es geht?«
»Ich suche einen Mann.«
»Welche Art Mann?«
»Einen Mann, der weiß, wo ein Mann namens Pericles gewohnt hat, bei dem mal ein Mann namens João Gilberto gelebt hat.«
»Einen Pericles haben wir hier.«
»Bring ihn mir bitte.«

Der Schwarzhaarige geht zum Telefon. Zehn Minuten später kommt ein etwa Fünfzigjähriger im blauen Polohemd zur Tür herein. Der Barmann führt ihn zu mir.

»Pericles«, sagt der Barmann.
»Der ist zu jung«, sage ich. »Der Mann, den ich suche, muss ein alter Mann sein. Neunzig oder so.«
»Wen suchst du?«, fragt Pericles.
»Pericles den Straßenbauingenieur. Pericles, der mit Dadainha verheiratet war – oder ist. Pericles, der vor langer Zeit João Gilberto bei sich aufnahm. Den Musiker.«
»João Gilberto«, sagt Pericles, und dann: »Komm!«

Er zieht mich das Holperpflaster entlang über den Platz; immer wieder strauchle ich. Wir biegen nach rechts ab, eine Gasse, wir biegen nach links ab, eine andere. Wir kommen zu einem Haus mit Garage. Ein Typ in Fußballshirt und Shorts, etwa Ende dreißig, steht darin. Macht grad was an seinem Auto.

Pericles erklärt die Situation. Der Typ sieht mich an, wischt sich die Hände ab, verschwindet. Dann ist er wieder da, mit einer sehr kleinen (ein Meter vierzig), sehr alten Frau in einer Art Kittel.

»Das ist meine Mutter Lourdes. Sie ist achtzig. Sie kannte João«, sagt der Typ nach Pericles' Übersetzung.

Die wunderbare Lourdes schaut hoch zu mir.

»Ja, ich kannte ihn gut«, sagt Lourdes. »Wir waren Nachbarn zu dieser Zeit. Ich erinnere mich noch, wie er auf einmal hier auftauchte, müde und erschöpft. Seine Schwester Dadainha liebte ihn sehr. Sie war ja wegen ihrer Tuberkulose hergekommen. Die gute Luft hier, wissen Sie. Ich spielte Klavier für João. Manchmal sang er dazu. Er sang so schön!«
»Laut? Leise?«
»Er experimentierte mit seiner Stimme. Manchmal summte er nur dazu, als wäre sie selbst ein Instrument.«
»War er verrückt, wie so viele Menschen behaupten? Lief er im Schlafanzug in der Gegend herum?«
»Bei mir war er immer vernünftig angezogen. Ich fand ihn sehr nett. Ich glaube, er brauchte die Ruhe hier. Die Berge und dass ihm keiner zusah, dass keiner was von ihm wollte.«
»Waren Sie verliebt, Lourdes?«
»Nein. Es gab da schon ein anderes Mädchen für ihn. Eine Grundschullehrerin.«
»Er hatte eine Freundin hier, eine Liebe?«
»Er schwärmte viel von ihr, sie sahen sich oft und verbrachten viel Zeit zusammen. Allerdings küssten sie sich nie. Das war wirklich seltsam. Ich fragte mich immer, was los ist, denn sie wirkten so nah und füreinander gemacht. Vielleicht konnten sie aus einem merkwürdigen Grund nicht zusammenkommen. Irgendwann dann verließ er Diamantina ja auch. Ohne sich zu verabschieden, das trage ich ihm ein bisschen nach.«

Ist eine Frau schuld an allem? Eine Frau, die João nicht hat haben können? Er wäre nicht der Erste, den so was aus der Bahn geworfen hätte.

Tristeza não tem fim
Felicidade sim

»Haben Sie einen Namen, einen Kontakt zu dieser Frau?«
»Mein alter Kopf hat zu viele Löcher, lieber Freund.«
»Leben Dadainha und Pericles noch hier?«
»Nein, die sind weggezogen. Wohin, weiß ich nicht.«
»Aber wo sich das Haus befindet, das wissen Sie noch, oder?«
»Ja. Es ist ein Kolonialbau im Zentrum. An der Praça Barao de Guaicui.«

Mein Puls macht »bim bom«, wie in dem alten Lied von João. Zum Abschied küsse ich Lourdes die schöne warme Runzelhand und gebe Pericles meine Nummer, falls ihm noch etwas einfällt. Dann renne ich los, meine Gitarre holen.

Bitte nicht baden!

Der Kolonialbau ist eine große, grün-weiß gestrichene Villa mit sechs Holztüren im Erdgeschoss und ebenso vielen französischen Fenstern im ersten Stock. Vor dem Haus ein Zäunchen – ebenfalls grün-weiß. Nebenan befindet sich ein Souvenirladen mit allerlei Krimskrams und Postkarten. Ein paar Leute lungern herum, sie telefonieren und rauchen. Am Eingang der Villa selbst steht: »Imobiliária Solar – Compra, Venda e Administração Pericia e Avaliação de Imóveis«. Joãos Haus, die Geburtsstätte der Bossa Nova, ist heute eine Immobilienagentur, ein Maklerbüro!

»Bom dia«, sage ich, als ich eintrete, die Gitarre über der Schulter wie ein Gewehr.
»Bom dia«, sagt ein junger Schwarzhaariger in braunem T-Shirt und Jeans. José Walter Pereira da Silva. Er sitzt an einem dunklen Holzschreibtisch vor einem Laptop. Neben ihm ein Stapel Dokumente. Der Raum hat Fischgrätparkett und weiße Wände mit ein paar Bildern dran. Alles ist sehr aufgeräumt. Etwas irritiert schaut der Makler auf die Gitarre.
»Ist dies das Haus, in dem João Gilberto gewohnt hat?«, frage ich.
»Ja. Mitte der fünfziger Jahre, 1956 glaube ich, war er hier«, antwortet José Walter Pereira da Silva.
»Ich würde gern das Badezimmer besichtigen.«
»Auch den Rest des Hauses?«
»Bitte.«

José zeigt mir die Küche (fast leer), den Hinterhof (zugerümpelt), ein paar Zimmer. Wie viele? Ich weiß es nicht, bin zu aufgeregt. Dann öffnet er eine Tür, sie geht vom Gang ab.

Beigebraune Kacheln. Hellblaues Waschbecken. Hellblauer Handtuchhalter. Hellblauer Seifenhalter. Komischer Glitzerspiegel. Komische Blütenlampen. Hellblaue Toilette. Kippfenster links. Duschkabine mit Schiebetür rechts.

Das berühmte Badezimmer ist: ein ganz normales Badezimmer.

Hier saß er. Stunde um Stunde. Tag um Tag. Woche für Woche. Monat für Monat. Bis er gefunden hatte, was er suchte.
Endlich hab ich auch was gefunden.

Und wie klein es ist! Fünf Quadratmeter, höchstens. Wie hat er die Gitarre überhaupt hineinbekommen? Er muss auf der Toilette gesessen haben. Die Bossa Nova wurde auf dem Klo erfunden!

Große Freude in, über, unter mir.

»Ich bin der Erste, oder? Bin ich der Erste, der's zu sehen bekommt?«
»Nicht ganz. Neulich war ein japanisches Fernsehteam da.«
»Nein!«
»Doch.«
»Mit Gitarre?«
»Das nicht.«
»Ist es noch die Originaleinrichtung?«
»Leider nein.«
»Befindet sich eine Diamantenmine unter dem Haus?«

»Nicht dass ich wüsste. Und wenn ich's wüsste, wäre hier kein Haus mehr.«
»Ich brauche ein paar Minuten, okay?«
»Okay.«

Die Gitarre stößt am Türrahmen an, als ich mich einschließe. Ich ziehe sie aus der Hülle, setze mich auf den Toilettendeckel, stimme sie, probiere ein paar Akkorde, »Hô-bá-lá-lá« natürlich, obwohl ich mich nicht mit João messen kann, niemand kann das. Der Klang ist hart und klar – man hört jeden Ton, wie Marcos Valle gesagt hatte. Es hallt von vorn, von hinten, von links, von rechts. Es ist eine wirklich ganz kleine Welt hier, weitab von allen anderen. Sie existiert für sich allein.

Ich höre das Klopfen meines Herzens. Hörte João seins auch, als er zum ersten Mal hier war?

É amor o hô-bá-lá-lá
Hô-bá-lá-lá uma canção
Quem ouvir o hô-bá-lá-lá
Terá feliz o coração

O amor encontrará
Ouvindo esta canção
Alguém compreenderá
Seu coração

Vem ouvir o hô-bá-lá-lá
Hô-bá-lá-lá
Essa canção

Ich schließe die Augen.

»João, wo bist du?«, ruft Dadainha. »Es gibt Essen!«
Keine Antwort.
»João! Pericles, weißt du, wo João ist?«
»João«, ruft Pericles, »komm vom Klo runter!«
Keine Antwort.
»João, du sitzt da jetzt seit Stunden!«

Pling, pling, pling, macht es auf dem Klo. Ein Septimakkord wird auseinandergenommen; er zerfällt in einzelne Töne, die sich an der Kachelwand brechen. João, mit krummem Rücken über die Gitarre gebeugt, den Kopf zur Seite gelegt, hört nur diese Töne. Es ist unbequem auf dem Klo, nach einiger Zeit verkrampft sich jeder Muskel, aber das merkt er nicht. Er spielt die Töne immer wieder, mal schneller, mal langsamer. Er spielt ein D, ein C, ein E, dann wieder einen Akkord. Er schlägt mit dem Daumen die A-Saite an, um den Rhythmus zu bekommen, Ring- und Mittelfinger suchen die Melodie auf den unteren Saiten. Er kann nicht laut sein, weil sonst Dadainhas Tochter aufwacht, außerdem will er auch nicht laut sein, weil er die Gitarre nicht übertönen will. Er singt, er summt, irgendwann verbinden sich Harmonie und Rhythmus der Gitarre und seine Stimme so sehr, dass sie nicht mehr voneinander zu trennen sind und zusammen etwas Neues ergeben.

Es klopft an der Tür.

»João!«
»Gleich, Dadainha, gleich«, flüstert er so leise, dass es niemand hört.

War es so? Funktioniert so die Kunst? Ist es der Ort, der den Künstler macht, oder macht der Künstler den Ort? Bleibt der Geist eines Menschen da, wo er gewirkt hat, oder haut er mit dem Menschen wieder ab? Merkt sich eine Wasserleitung, wer sich an ihr die Hände gewaschen hat?

Ich öffne den Klodeckel, pisse hinein, ziehe ab. Es ist ein 1a funktionierendes Klo, so viel ist sicher.

José Walter Pereira da Silva klopft an die Tür: »Kommen Sie raus, bitte! Es ist genug!«

Ein alter Freund, zwei neue Freunde und ein ganz und gar verrückter Übersetzer

Völlig entgegengesetzte Gefühle, als ich wieder auf der Straße stehe, vor der Imobiliária Solar. Euphorie, Glück, Endorphine, weil ich endlich das Badezimmer gefunden habe, diesen so entscheidenden Ort. Verwirrung, Unsicherheit, Ratlosigkeit, weil ich nicht genau sagen kann, was es mir nun bringt.

Erste Zigarette, zweite Zigarette und die dritte gleich hinterher: Hab ich das Rätsel gelöst? Was hab ich gefunden? Ich hab den Tatort und ein paar Zeugen, aber hab ich auch die Leiche? Oder eher: das Gegenteil davon, denn es handelt sich ja um eine Wiederauferstehung, die wir hier behandeln.

Halten wir kurz die Erkenntnisse aus dem Badezimmer fest. Es sind genau zwei:

Nr. 1: João ist ganz offensichtlich kein Klaustrophobiker. Er scheint sich sehr wohl zu fühlen in extremer Enge.

Nr. 2: Wer sich täglich freiwillig in eine klaustrophobische Umgebung zurückzieht und vor der Welt versteckt, dem kann's aber auch nicht ganz gut gehen. Depressive verkriechen sich oft, schließen sich in ein Zimmer ein, verweigern Gespräche. Und wenn wir auch nicht genau wissen, ob João depressiv war oder zu viel gekifft oder getrunken hatte, als er nach Diamantina flüchtete, dann wissen wir doch zumindest, dass er in einem sehr verlotterten, verwirrten Zustand hier ankam. Seine Familie und alle seine Freunde hatten sich Sorgen um ihn gemacht; Sorgen, dass er den Verstand verlieren könnte. Hier sollte er wieder genesen – von einer Erschütterung.

Wie aber lebte er hier? Nur im Badezimmer? Oder auch ganz normal draußen, wie Lourdes es beschrieb? Ich brauche einen weiteren Zeugen, einen, der näher an ihm dran war. Einen wirklich Vertrauten.

Das Telefon klingelt.

»Hallo, gestatten, mein Name ist Bernardo Silva. Wie geht es dir?«, sagt eine Stimme auf etwas eigenwillig gebautem Englisch.
»Gut, Bernardo Silva. Wer bist du?«
»Eine Freundin von Pericles hat mir erzählt von dir und gab mir diese Nummer. Du suchst die Geschichte von João Gilberto?«
»Ja.«
»Ich kann dir helfen vielleicht. Ich studiere Englisch und kenne ein paar Leute, die über João Gilberto promoviert haben.«
»Die über ihn *promoviert* haben?«
»Nein, wie sagt man: die über ihn studiert haben. Und einen Freund.«
»Einen Freund von João?«
»Ja. Er heißt Geraldo. Das kommt von Deutsch, nicht?«
»Ja.«
»Wollen Sie mich treffen?«
»Ja.«
»Wo?«
»Bar ›A Baiuca‹.«
»Gut. Um vier.«

Bernardo sitzt schon da, als ich ankomme, mit einer Cola an einem schräg stehenden Tisch vor dem »A Baiuca«. Fast rutscht die Cola vom Tisch, so schief ist der Boden.
Bernardo hat dunkles Kraushaar, grinst die ganze Zeit und sieht aus wie der bayrische Kabarettist Gerhard Polt mit dreißig.

»Guten Tag, willkommen!«, sagt er. »Wie ist dein Tag?«
»Mein Tag ist gut, Bernardo. Wer ist dieser Geraldo?«
»Er war der beste Freund von João Gilberto, während er gelebt hat hier. Er ist ein reicher Mann, sehr nett, ich kann ihn anrufen, willst du?«
»Bitte.«
»Es gibt noch einen anderen Mann, jünger, sein Name ist Wander Conceição. Er hat viele Interviews gemacht mit Menschen von Diamantina über João Gilberto, weil er will schreiben ein Buch. Ich kann ihn auch anrufen, willst du?«
»Bitte!«

Bernardo telefoniert einmal, zweimal.

»Geraldo Miranda, wir treffen ihn um sieben. Wander Conceição, wir treffen ihn um neun. Gut?«
»Sehr gut. Trinken wir ein Bier bis dahin?«
»Ja!«

Zwei Stunden später, etwas betrunken, stehen Bernardo und ich vor der Hazienda von Geraldo Miranda. Es regnet leicht, ein ständiger, kaum spürbarer Niesel, der langsam die Kleider durchdringt. Das Haus, ein über hundert Jahre alter Kolonialbau mit Patio, liegt auf einem Hügel, von dem aus man einen guten Blick auf die Lichter der darunter liegenden Favela und auf die Bergkette am Horizont hat.

Geraldo Miranda ist ein schmaler, höflicher Mann, Typ alter Gutsherr. Er arbeitete jahrzehntelang für die Banco do Brasil, die größte Bank Brasiliens. Das Wohnzimmer ist vollgestellt mit Büchern, Holzfiguren, geschwungenen Sesseln und Sofas. Ein Museum der Alten Welt. Wir setzen uns, ich verschwinde zwischen den Kissen.

»Wie und wann trafen Sie João Gilberto, Geraldo?«

Geraldo spricht kaum Englisch, Bernardo übersetzt in der ihm eigenen Art, aber das Bier hat ihn irgendwie klarer gemacht, flüssiger.

»João lebte acht Monate hier im Haus seiner Schwester. Meine Familie kannte seine Familie. Jede Nacht fast traf ich ihn, wir gingen aus.«
»Wohin?«
»In Bars, auf die Straße.«
»Wie lief das ab, das Ausgehen mit João?«
»Ich holte ihn ab, oder er kam her zu mir und meinem Bruder. Wir schlenderten.«
»In welcher Verfassung war João zu dieser Zeit?«
»Ein freundlicher, aufmerksamer Mann. Er redete viel über Musik, über Politik«
»Politik?«
»Ja, Amerika, die USA. Er sagte immer wieder, er hasse deren Lifestyle. ›Ich bin Halbsozialist‹, sagte er. Lustig, weil er später, Anfang der Sechziger, ja nach New York zog.«
»Redete er auch über die Gründe seiner Flucht aus Rio?«
»Nein. Nie ein Wort, warum er hier war und was in Rio war. Später sagten ein paar Leute, er habe Probleme gehabt, Drogen genommen und sei gekommen, hier zu heilen. Davon weiß ich nichts. Nur die Musik war wichtig für João.«

»Trank er in den Bars?«
»Nein. Fast nie, mal ein Bier.«
»Was dachten die Leute aus Diamantina über João?«
»Verrückt. Exzentriker.«
»Warum?«
»Er sprach die Frauen an.«
»Er sprach die Frauen an?«
»Ja. Das war nicht üblich. Diamantina war sehr traditionell, sehr katholisch. Wenn João aber Frauen sah, die ihm gefielen, ging er zu ihnen, trug Gedichte vor, erzählte schöne Dinge. Einige Frauen hatten Furcht. Sie wechselten die Straßenseite, wenn er kam.«
»João *flirtete*? Er war nicht schüchtern, wie es immer heißt?«
»Nein, er war schlagfertig und – wie heißt es – kokett. Einmal stellte ich ihm meine sechs Schwestern vor, sie alle heißen Marie. ›Marie, das ist ein schöner Name‹, sagte João – ›für einen Engel genauso gut passend wie für die Sünderin.‹ Meine Schwestern erröteten.«
»Stimmt's, dass er ein Mädchen hatte?«
»Vielleicht eine Frau aus Montes Claros. Ich kannte sie nicht. Er ist ein Mann, der seine Geheimnisse behalten kann.«
»Hatte er Ticks, kleine Irrsinnsgewohnheiten?«
»Systematisch war er. Einmal zeigte er mir, wie er einen Monat lang seinen kleinen Finger trainierte, um anders als zuvor Gitarre zu spielen, neu. Er spielte im Badezimmer, immer denselben Ton, die Frau über ihm wurde ganz wirr. Um vier Uhr morgens fing es an, zehn Stunden lang, jeden Tag. Er beschwerte sich oft über Sänger mit großer Stimme, lauter Stimme – Angebersänger, sagte er, und von Angeberei käme nie Kunst. Einmal, wir waren auf einem Fest, es war sehr laut, störte es ihn, dass keiner seine kleine Stimme hörte. Er nahm einen Stein, warf ihn aufs Pflaster, ein Krachen, alle wurden still, alle sahen ihn an. Er sagte nichts. Ach ja, und er duschte mit Kokosnuss-Suppe jeden Tag.«

»Er duschte mit *Kokosnuss-Suppe*? Bernardo, bist du sicher?«
»Entschuldigung, nein, *Kokosnusss-Seife*. Weil sie so gut auf der Haut ist.«

Mühsam wühle ich mich aus den Sofakissen heraus. Ich bin lost in translation: Kokosnuss-Seife, Halbsozialist, Flirt-João. Gab es eine Frau, gab's keine? Der Fall wird nicht einfacher.

»Geraldo, haben Sie João je traurig erlebt, depressiv, mit schwankenden Stimmungen? Schließlich wurde er kurzzeitig in einer Psychiatrie behandelt, als er Diamantina verließ.«
»Nein. Ich fühlte nur immer, er ist weiter im Kopf als die Leute. Weil er eine Vision hatte. Und weil die anderen das nicht verstanden, war er ihnen unheimlich.«

Einigen wir uns darauf, halten wir das als Ermittlungsergebnis fest: Wenn João mit einer Depression nach Diamantina gekommen ist, dann hat er über die Musik gelernt, mit ihr umzugehen. Er hat die Einsamkeit, die er in und um sich spürte, in die Gitarre geleitet. Und die Gitarre hat ihm irgendwann geantwortet, indem sie seine Verlorenheit in neuen Klang und Rhythmus verwandelte – in die Formel, von der Carlos in der »Toca do Vinicius« erzählt hatte. Die Formel, mit der sich João jedes Lied und jede Stimmung zu eigen machen kann, egal, wie die Welt um ihn herum gerade beschaffen sein mag. Und von da an waren sie nicht mehr zu trennen gewesen, die Formel und er. Von da an hing sein Seelenheil vom Funktionieren dieser Formel ab – und nicht mehr von Menschen, Freunden, Frauen, anderen Musikern. Von da an wusste er, dass er Einsamkeit nicht nur aushalten, sondern auch nutzen konnte – ja, dass er sie von nun an für immer *benötigen* und ihr alles andere unterordnen würde.

Schwach ging er rein ins Badezimmer; gestärkt kam er wieder heraus.

Ziemlich genau das bestätigt später im »A Baiuca« auch Bernardos Freund Wander Conceição, ein von João besessener Mittvierziger, der die Imobiliária Solar zum Weltkulturerbe hinzufügen will: João wusste, was er tat. Er wusste, wo er hinwollte. Und prophezeite es sogar: »Ich werde berühmt werden, und ich werde im Fernsehen und im Radio gespielt werden«, hat er den Leuten in Diamantina angekündigt, so Wander.

Und wie zur Bestätigung erscheint, als ich später im Hotel meine E-Mails checke, eine Nachricht von João Gilberto Prado Pereira auf meinem Facebook-Profil: Ob ich mich nicht bitte doch noch einmal als Freund bewerben könne. Ich kann, und zwei Minuten später bin ich mit ihm – oder wer immer sich hinter seinem Namen versteckt – befreundet, als Freund Nr. 5007. Was hat das nun wieder zu bedeuten? Wissen die, dass ich hier bin? Hat João wieder telefoniert? Hat Otávio was gedreht? Hat der Joint was gedreht? Sind wir uns jetzt näher?

Das Telefon klingelt. Watson. Sie teilt mir mit, dass Claudia Faissol, Joãos Freundin und Mutter seiner sechsjährigen Tochter Luisa Carolina, bereit ist, mich zu treffen. Ich muss zurück nach Rio.

»Copacabana Palace«

Normalerweise liegt die weiße Front des »Copacabana Palace Hotel« wie eine uneinnehmbare Burgmauer an der Avenida Atlântica. Sie reflektiert das Sonnenlicht und ist der letzte wirklich goldene Ort des Viertels. So wie das »Negresco« in Nizza oder das »Carlton« in Cannes lange vergangene Zeiten evozieren, ruft das »Copacabana Palace« die Ära der Filmstars der fünfziger und sechziger Jahre und der Bossa Nova wach. Tyrone Power, Frank Sinatra, Ava Gardner, Rudolf Nurejew, Edward G. Robinson, Noël Coward, Henry Fonda, John Wayne, Kirk Douglas, Errol Flynn, Orson Welles – sie alle wohnten mal hier. Und wäre F. Scott Fitzgerald je vorbeigekommen, hätte er seine Kurzgeschichte »Ein Diamant, so groß wie das Ritz« in »Ein Diamant, so groß wie das Copacabana Palace« geändert. Höchstwahrscheinlich ist es das beste Hotel der Welt: weil's zugleich am Strand liegt und in der Stadt; weil's ruhig ist und die Bar trotzdem immer voll.

Heute ist die Burg belagert. Du kommst nicht ran. Mein Taxifahrer versucht's, aber keine Chance: immer wieder eine Absperrung, immer wieder stolpert eins der aufgeregten vierzehn-, fünfzehnjährigen Mädchen vor die Motorhaube. Etwa sechs- bis siebenhundert von ihnen blockieren in Trauben das Hotel. Einige von ihnen sind weiß geschminkt.

Was los sei, will ich wissen. Freuen sie sich über Dilma, die die Wahl gewonnen hat? Protestieren sie gegen Dilma, die die Wahl gewonnen hat – als Geister?

»Keine Ahnung«, sagt der Fahrer.

Es ging alles sehr schnell, seit ich gestern Abend aus Diamantina zurückkam. Noch ohne groß zu überlegen, entschied ich, das Ipenama Penthouse zu verlassen und ein paar Tage lang hier einzuchecken, in diesem legendären alten Hotel. Es hat vor allem mit Claudia zu tun. Sie ist Joãos Freundin, sie ist Highclass, sie ist wunderschön – ich muss sie ein bisschen beeindrucken. Sie könnte die João-Existenz erhellen wie niemand, den ich bislang getroffen habe; sie könnte zur Topzeugin werden. Cherchez la femme.

Dazu bieten sie hier, im »Copacabana Palace«, eine sogenannte »Bossa Nova Massage« an. Nach den elf Stunden im Bus gestern könnte das genau das sein, was ich brauche.

Hunderte Mädchenaugen beobachteten mich, als ich mir mit Rollkoffer und Gitarre einen Weg zum Eingang zu bahnen versuche. Einige von ihnen stellen sich vor mich, greifen mich am Arm.

»Who are you, Mister? Who?«
»Just a poor, lonesome detective.«

In der Lobby wartet schon Watson. Sie hat eine neue Tätowierung auf der Schulter, einen Totenkopf aus Rosenblättern. Laut lachend watschelt sie auf mich zu.

»Fast hätten Sie mich gar nicht reingelassen. Weißt du, wer gerade alles hier wohnt?«
»Robbie Williams? Snoopy? Der Geist von Michael Jackson?«
»Quatsch. Ich zähl mal kurz auf. Also: der Schauspieler Vin Diesel, die Teenieband Jonas Brothers und der Schauspieler Brandon Routh aus dem Superman-Remake *Superman returns*, falls du dich erinnerst.«
»Erinner mich nicht, weil ich's blasphemisch fand, das nach Christopher Reeves Tod überhaupt noch mal zu versuchen.«
»Egal, Sherlock. Das Beste kommt nämlich noch. Also: *Hast du eine Ahnung, wer noch hier ist?*«
Watson genießt das richtig.
»Nein, Watson, hab ich nicht.«
»Dann halt dich fest: Kristen Stewart und Robert Pattinson – die *Twilight*-Stars! Sie drehen gerade den letzten Teil der Saga hier in der Nähe von Rio! Und sie haben das Penthouse auf dem Dach gemietet. Und angeblich läuft was zwischen den beiden, sagen alle!«

Ich sehe den Concierge an, der die ganze Zeit zugehört hat. Concierge nickt.

Vampire, überall Vampire. Erst João, dann Otávio, dann diese Stephenie-Meyer-Figuren und die weiß geschminkten Teenies vor dem Hotel. Die Massage hab ich wirklich nötig jetzt. Ich sage dem Concierge, dass mich das Beauty Center anrufen soll, um einen Termin abzumachen, bestelle zwei Clubsandwiches, dann folgen Watson und ich dem Pagen, der uns, mit Koffer und Gitarre beladen, zu meinem Zimmer bringt.

Es ist ein wunderbares Zimmer, ich hatte keine Lust zu knausern. Es liegt im sechsten Stock im neuen Teil des Hotels. Vom Balkon aus schaue ich über den Pool, das Restaurant, den

Strand dahinter. Aus dem Pool steigt gerade ein dunkelhaariger Mann mit Bauchansatz; eine weiß gekleidete Hotelangestellte bringt ihm das Handtuch, noch bevor er auf den Boden tropfen kann. Superman?

»Die Ermittlungen laufen offensichtlich gut«, sagt Watson, während sie sich umsieht.

»Das werden wir gleich wissen, wenn du Bericht erstattest«, sage ich. »Bier?«

Wir setzen uns auf den Balkon, in den Halbschatten.

»Ich habe die Sängerin Joyce getroffen«, sagt Watson. »Die, die João mal in Mexiko besucht und einen halben Tag im Hotel in New York mit ihm verbracht hat. Wunderbare, wunderschöne Frau übrigens!«

Watson klingt ganz verliebt.

»Und, was erzählt sie?«

»Soll ich's erzählen, oder willst du's nachlesen? Ich habe ein paar Memos erstellt.«

Stolz hält Watson ihre Tasche hoch.

»Erzähl's mir. Bin Fan der wörtlichen Rede.«

»Okay, also: Joyce sagt, dass João die Menschen hypnotisiert. Und dass man aufpassen muss, dass er nicht in einen reinkriecht und Besitz von einem ergreift wie eine Boa constrictor. In dem Buch, das sie über ihr Leben geschrieben hat, lautet der Titel ihres João-Kapitels ›Die Angst‹.«

»Hat sie verraten, wie er's macht?«

»Ja. Vor allem über die leise Stimme. Er schaut dir nicht in die Augen dabei. Er kommt völlig lautlos über dich, nur über seine Anwesenheit, sein Gitarrenspiel, seine Erzählungen. Er kriecht in dich hinein.«

»Hat es etwas Sexuelles?«

»Nein. Eher ist es eine Geistsache. Wie ein indianischer Medizinmann oder so.«

»Was ist geschehen in diesem Hotelzimmer in New York?«
»Er spielte und redete, redete und spielte. Es war wie ein Mantra, das sich um ihr Wesen legte, meinte Joyce. Elektrisierend, unheimlich, übergreifend. Sie stand vor der Wahl, zu gehen und nie wieder was mit ihm zu tun zu haben oder zu bleiben und zu ihm zu werden, für immer. Sie rannte aus dem Zimmer, er rief ihr nach, sie solle zurückkommen. Seitdem hat sie ihn nie wieder gesehen und will es auch in Zukunft nicht.«
»Hm. Und sonst?«
»Ich hab auch Miele getroffen.«
»Wer war er gleich noch mal?«
»Regisseur und Produzent von Bossa-Nova-Fernsehshows. Legendärer Typ, zweiundsiebzig Jahre alt, mit einem völlig verrückten Bart, wie Graf Zahl aus der *Sesamstraße*. Ehemaliger Kinderstar. Lief in den Sechzigern immer mit einer Frackhose herum. Hat damals zusammen mit seinem Freund Ronaldo Boscoli in den Bars der Beco das Garrafas gearbeitet und später drei Jahrzehnte lang eine Sendung mit Roberto Carlos gemacht, Brasiliens größtem Popstar.«
»Und heute?«
»Tritt er regelmäßig im Varieté ›Plataforma‹ in Leblon auf. Macht dort eine sehr lustige Broadway-Show und singt alte Musical-Klassiker. Er hat eine sehr interessante Geschichte über João erzählt.«
»Lass hören.«
»Es war vor zwanzig Jahren. Boscoli und er wollten eine Show machen unter dem Titel ›Chega de Saudade‹. Natürlich hätten sie João gern dafür gehabt, aber aus bekannten João-Gründen ging das natürlich nicht. Boscoli schlug eine Alternative vor: Er kenne da einen Typen namens Anselmo, der spiele und singe *genau* wie João, es sei völlig unglaublich: wie eine exakte Kopie, ja besser fast, obwohl die beiden sich nie getroffen haben. Ob man den nicht für die Musik nehmen könne. Miele machte sich

Sorgen, dass João sie verklagen könnte, also rief er ihn an: ›João, wir haben hier einen Typen, der genauso klingt wie du.‹
›Bring ihn ans Telefon‹, sagte João.
Die beiden redeten kurz, dann forderte João Anselmo auf, sein komplettes Repertoire durchzuspielen. João hörte die ganze Zeit übers Telefon zu. Nach zwei Stunden ließ er sich Miele geben und sagte: ›Okay, könnt ihr machen.‹«
»Wow. Irre Geschichte. Was wurde aus diesem Anselmo?«
»Praktisch verschwunden. Tauchte nie wieder auf. Vielleicht deshalb, weil niemand einen zweiten João braucht. Außerdem lebt er in Rios Nordzone. Keine gute Gegend für einen Künstler, der berühmt werden will.«
»Können wir ihn kriegen, damit er uns ›Hô-bá-lá-lá‹ vorspielt und Joãos Tricks verrät?«
»Miele ist dran. Er versucht, die Nummer herauszukriegen und einen Kontakt zu machen.«

Es klopft an der Tür. Roomservice. Zwei wirklich hervorragend aussehende Clubsandwiches plus Chips kommen herein.

Während wir essen, erzähle ich Watson, was in Diamantina passiert ist. Ich erzähle von Pericles und Lourdes, von Geraldo Miranda und Wander Conceição, vom Badezimmer und vom verrückten Bernardo und davon, dass ich jetzt mit João auf Facebook befreundet bin, egal, was das nun zu bedeuten hat. Ich berichte, dass wir jetzt wissen, dass João keinesfalls wie ein kompletter Eremit in Diamantina lebte, sondern Freunde hatte, mit Frauen flirtete und ins Badezimmer ging, weil er eine Ahnung davon, ja sogar eine Art Plan hatte, was er da finden würde.

Watson hört sich das alles mit großen Ohren an. Einen flirtenden João kann sie sich ganz und gar nicht vorstellen.

»Das heißt also, dass João erst *nach* Diamantina zum Vampir wurde, oder? Viel später vielleicht sogar? Bloß wann?«
»Das heißt es, ja«, sage ich.

Watson gibt mir einen Zettel mit einer Telefonnummer. Claudias Nummer.

»Ruf sie an, jetzt gleich!«

Tanz der Vampire

Unendlich entspannt, mit tatsächlich »relaxten« Muskeln lehne ich am Tresen der »Bar do Copa«, dem Nachtclub, der zum »Copacabana Palace Hotel« gehört. Es ist kurz nach halb eins in der Nacht, ich trage meinen besten und einzigen Anzug (hellgrau), trinke einen Gin Tonic und habe Toplaune.

Drei Gründe:

Nr. 1: Vor ein paar Stunden erst hatte ich meine »Bossa-Nova-Massage«. Und wenn ich im Verlauf dieser zweieinhalbstündigen und sehr teuren Massage (so dreihundert Euro) auch nicht herausgefunden habe, was genau daran nun »Bossa Nova« war (die Musik war's jedenfalls nicht, das war so ein schreckliches E-Gitarren-Instrumentalgedudel, das João verachtet hätte), so hat sie doch ihre Wirkung gehabt. Ich wurde gut durchgeknetet von einer brasilianischen Masseurin, danach in eine Wanne mit warmem Blumenwasser gesetzt und bekam sogar noch Essen aus dem »Cipriani«-Restaurant geschickt, auch ein Schokotörtchen war dabei.

Nr. 2: Noch vor der Massage hatte ich, wie von der strengen Watson befohlen, Claudia angerufen. Sie hatte eine sehr angenehme Stimme (bisschen sexy sogar), sprach exzellentes Englisch und stimmte sofort zu, mich zu treffen. Wir sind für morgen Nachmittag verabredet, sie versprach, sich kurz vorher noch mal zu melden, um den genauen Ort durchzugeben, irgendwo in Lagoa soll es sein.

Nr. 3: Ich stehe nicht einfach an irgendeinem beliebigen Abend in der »Bar do Copa«, sondern an genau dem Freitagabend, an dem eine Party für die Schauspieler und Crew von *Twilight* stattfindet. Es ist also praktisch eine Vampirparty, auf der gleich der Obervampir Edward (Robert Pattinson) und seine Freundin Bella (Kristen Stewart) auftauchen werden. Und ich, ja ich, werde sie ansprechen, denn ich habe ein paar dringend notwendige Fragen: Wie schafft man's, mit einem Vampir befreundet zu sein, ohne selbst einer zu werden? Wie viel Liebe ist notwendig, damit sie den Blutdurst des Vampirs übersteigt und er sein potenzielles Opfer vor sich selbst beschützt, ohne es zu verlassen? Steigt süßes Blut schneller in den Vampirkopf als nicht so süßes? Die beiden müssen's wissen, und sie müssen's mir sagen.

Die Sehnsucht Joãos und die Sehnsucht der Vampire – alles kommt zusammen jetzt. Und die Sache mit der perfekten João-Kopie, die irgendwo in Rio rumlaufen soll, klingt ja auch ganz gut.

Es ist also alles perfekt hier, in dieser Bar unter komplizierten Stahllampen, die ein diffuses Licht auf die Gäste werfen. Irgendein DJ spielt irgendein Lied irgendeiner französischen House-Truppe. Regieassistenten, Beleuchter, Produktionsleute, Statisten, Schauspieler sind da; Dandys und Zeigefrauen aus Rios Nachtleben; eine Menge teure Prostituierte; und Hotelgäste wie ich. Genau richtig.

Zweiter Gin Tonic. Als er kommt, drängelt sich eine kleine Frau im schulterlosen schwarzen Kleid neben mich. Sie hat ein sehr hübsches Gesicht, wenn auch ein bisschen blass, und dunkle halblange Haare. Mitte zwanzig, schätz ich.

»Noch einen Whisky-Cola bitte!«

Der Barmann schaut sie an, als würde er sie kennen, als bestellte sie alle fünf Minuten Whisky-Cola bei ihm. Schon kommt er angeflogen. Die Frau rührt kurz um, dann wirft sie den gelben Plastikstick in hohem Bogen in die Menge der Tanzenden.

»Cheers«, sagt sie und dreht sich zu mir.
»Cheers.«
»Was für ein erbärmliches Zusammentreffen von Menschen«, sagt sie.
»Bis jetzt ist es doch gar nicht schlecht«, sage ich.
»Nur reiche Amerikaner und Nutten, die reiche Amerikaner ficken wollen. Stimmt, wenn's das ist, was du willst, bist du am richtigen Ort.«
»Bin kein Amerikaner«, sage ich. »Nur ein Typ, der auf die Vampire wartet.«
»Pattinson und Stewart meinst du? Und du denkst wirklich, die kommen?«
»Es sind Vampire, was sollen sie sonst tun?«
»Vierzig Meter über uns am Privatpool sitzen und koksen zum Beispiel?«
»Hm. Meinst du?«
»Mein ich. Wie heißt du, seltsamer Mann?«
»Marc. Und du?«
»Bella.«
»Wie die Vampirfreundin? Glaub ich nicht.«
»Glaub's oder glaub's nicht, ändert aber nix dran, dass es stimmt. Ich heiße Bella, Bella Reis. Schön, dich kennenzulernen.«

Ich sehe sie an, Bella Reis. Sie ist wirklich nicht groß, um die ein Meter sechzig, schätze ich. Sie ist wirklich sehr hübsch. Sie ist wirklich sehr blass. Auf ihrer linken Wade ist ein Messer tätowiert, das ein blutendes Herz durchsticht. Die Tropfen laufen bis zur Ferse.

Ist sie mein Vampir?

»Warum bist du so blass?«
»Achte halt auf meinen Teint. Die Menschen in Rio gehen zu viel an die Sonne. Hast du eine Ahnung, wie viel mehr Hautkrebsfälle jedes Jahr gemeldet werden? Horror, sag ich dir. Trinkst du noch einen?«
»Ja.«

Whisky-Cola, Gin Tonic, in weniger als zwanzig Sekunden.

»Lass uns tanzen«, sagt Bella.

Sie zieht mich zum DJ, der grüßt sie, wir stellen unsere Drinks ab und wackeln ein wenig voreinander herum. Sie bewegt sich gut; wie jemand, der schon seit Jahrzehnten ausgeht. Die anderen gucken uns an. Ich sehe mich nach Pattinson und Stewart um, aber die sind nirgends zu finden.

»Fuck!«, sagt Bella. »So geht das nicht. Hier sind nur Arschlöcher und Idioten. Bist du sicher, dass du hierbleiben willst?«
»Die Vampire …«, sage ich.
»Ich bin hundertmal mehr Vampir als alle, die du hier sonst je treffen wirst. Lass uns woanders hin. Entscheid dich, schnell.«
»Gut.«

Bella stürzt ihren Drink herunter, läuft zur Kasse, bezahlt die Rechnung. Ich hinterher. Aus irgendeinem Grund hab ich alles umsonst bekommen.

Bella hakt sich bei mir ein. »Taxi!«, ruft sie, als wir auf der Avenida Atlântica stehen. Ein paar betrunkene Sextouristen kommen an uns vorbei, sie sind auf dem Weg zum »Dolce Vita«.

»Ich werde nicht mit dir schlafen«, sagt Bella auf dem Rücksitz des Taxis.
»Schon okay, Bella.«

Wir fahren am Strand von Copacabana entlang, durch Ipanema, nach Leblon. Irgendwann stehen wir vor einem Club mit geschwungenem Dach. Viele aufgeregte junge Menschen davor. Bella beißt sich durch, greift sich die Frau an der Absperrung, wir werden eingelassen.

»Hundert Reais pro Person, aber dafür können wir trinken, so viel wir wollen, ist doch gut, oder?«

Ist wirklich gut.

Es ist sehr laut, wieder dieses Lied von David Guetta. Es ist sehr voll; es ist sehr dunkel. Bella verliere ich sofort. Ich trinke den dritten Gin Tonic und rede mit ein paar Leuten über João, sie haben vor endlos langer Zeit mal was von ihm gehört, sagen sie. Ich trinke den vierten Gin Tonic und stelle mir vor, wie es morgen mit Claudia sein wird. Ich trinke den fünften Gin Tonic, da steht Bella wieder neben mir:

»Du tanzt ja gar nicht!«
»Trinke nur, trinke nur«, lalle ich.
»Komm, tanz mit mir!«

Wir drängeln uns rein in die Menge, umarmen uns ein bisschen, volltrunken beide, versuchen zu tanzen. Alles dreht sich vor mir: Bella, die anderen, die uns stets anrempeln, die Nacht, Rio, mein Auftrag. Ich sehe João mit seiner großen Brille, er sitzt vor mir, legt den Kopf schief, lächelt etwas und sagt immer wieder nur ein Wort: »Hô-bá-lá-lá.« »Hô-bá-lá-lá.« »Hô-bá-lá-lá.« Ich spüre etwas im Nacken, ganz leicht nur, einen Kuss, einen Biss, Bella, João?

Und auf einmal bekomme ich Angst. Tief in mich hinein kriecht sie, nass und kalt, wie die Boa constrictor, von der Joyce erzählt hatte. Angst davor, nicht mehr derselbe zu sein. Angst davor, jemanden zu verlieren.

Unendlich einsam machende Angst.

Ich löse mich und laufe los, in Richtung Ausgang. Wie jemand, der sich aus Schlingpflanzen freizukämpfen versucht, wühle ich mich durch die Tanzenden. Ich drücke sie weg, zur Seite, umlaufe sie. Sie sehen mich an wie einen Irren, und wie ein Irrer fühl ich mich auch: gefangen in etwas, das größer ist als ich und mir über den Kopf zu wachsen droht.

Dann falle ich.

Ich weiß nicht, was es war, eine Stufe, einer der flachen Loungetische, die irgendein Idiot zu nah an der Tanzfläche aufgebaut hat. Ich weiß nur, dass ich im vollen Lauf mit dem linken Schienbein gegen etwas sehr Hartes stoße und der Schmerz so groß ist, dass es mich von den Beinen reißt und ich zwischen Sitzenden und Tanzenden und Stehenden auf dem dreckigen Boden lande und mir das Bein halte, das sich anfühlt, als sei es gebrochen oder abgehackt oder noch was Schlimmeres.

Es dauert, bis ich's schaffe, mich aufzurichten, ein paar Arme helfen mir, zögerlich, distanziert, ich stehe, Schmerzen, ich humple, noch größere Schmerzen. Auf dem Weg zur Toilette kontrolliere ich die Wunde, sie ist groß und tief, Blut läuft mein Bein herunter, ziemlich viel davon, der dünne Baumwollstoff der Hose ist ganz vollgesuppt.

Mit einer Socke und Klopapier gelingt es mir irgendwie, das Bein zu verbinden. Als ich mich im Spiegel über dem Waschbecken ansehe, bin ich so blass wie nie zuvor.

Ich werde zu etwas, zu was nur?

Ein schwarzer Panzerwagen mit den Kriegern von BOPE drin fährt an mir vorbei, als ich im Taxi sitze. Sie wollen die nächste Favela erobern. Sie sind das Gegenteil von Vampiren: Vampirjäger. Gut, dass sie mich nicht sehen.

Der magische, alles verändernde Moment

Das Bett war blutverschmiert, als ich aufwachte; als hätte dort jemand einen Mord begangen. Mit desinfiziertem und verbundenem, aber immer noch schmerzendem Bein liege ich am Pool des »Copacabana Palace«, starre in den Himmel und denke an João.

Als er 1957 aus Diamantina und seinem Kurzaufenthalt in der Psychiatrie in Salvador zurückkehrt, ist er, nach den Gesetzen des typischen Entwicklungsromans, reicher als bei seiner Abreise: Er hat seine Stimme gefunden; einen Stil, der ihn unverwechselbar macht. Bloß weiß die Welt noch nichts davon. Und wie viele Stimmen sind schon verloren gegangen, weil die Welt sie nie gehört hat?

Außerdem hat er nicht mal mehr eine Gitarre. Angeblich beim Pfandleiher versetzt.

Nein, ein Profi ist er noch nicht.

Der Autor Ruy Castro beschreibt das in seiner Bossa-Bibel *Chega de Saudade* sehr schön: Wie João in Rio herumläuft, orientierungslos nach knapp zwei Jahren Abwesenheit. Wie er alte Freunde aufsucht und bei ihnen unterkommt, aber immer wieder rausgeworfen wird, weil er weder Miete zahlt noch putzt oder kocht oder sonst wie hilft. Wie er einen Sängerkollegen bittet, sich eine Gitarre zu kaufen, damit er sie benutzen kann, dann aber doch nur zweimal drauf spielt. Wie er immer wieder mit den Gitarren anderer Leute verschwindet. Wie ihn selbst sein alter Förderer Luis Telles vor die Tür setzt, weil er nicht mehr erträgt, dass João sein Talent so vergeudet. Wie er sich weigert, in Nachtclubs zu spielen, weil ihm die Leute da zu viel reden und mit den Gläsern klirren. Allein im Nachtclub des »Plaza« gefällt es ihm: weil das Publikum dort vor allem aus Musikern besteht, die nichts anderes wollen, als sich austoben und ausprobieren, wie der Pianist Johnny Alf, der Schlagzeuger Milton Banana oder João Donato, der damals vor allem noch Akkordeon spielte.

Wirklich Feuer aber fängt João erst, als er Roberto Menescal und Carlos Lyra kennenlernt, die täglich wie berauscht neue, tolle, leichtfüßige Lieder schreiben – und Tom Jobim. Der Fotograf Chico Pereira, der damals alle Cover für die Plattenfirma Odeon machte, hatte João empfohlen, den Komponisten zu besuchen, der bei Odeon als Produzent angestellt war. Viel geschah in der Wohnung dieses Chico Pereira: Er war es, der Joãos neuen Klang zum ersten Mal mit einem Kassettenrekorder aufnahm; er war es, der mit viel Enthusiasmus Labelmanager zu sich einlud, die den Bossaisten später Verträge anboten.

»Jobim wohnt in der Rua Nascimento Silva 107«, sagte Pereira zu João. »Geh zu ihm und spiel ihm was vor.«

Jobim und João hatten sich vorher schon ein paarmal gesehen, waren sich aber nie besonders nah gewesen. João wird nervös sein, als er bei Jobim klingelt, der inzwischen an Einfluss gewonnen hat; nachdem er ihm jedoch »Bim Bom« und »Hô-bá-lá-lá« vorgespielt hat, beruhigt er sich wieder, denn Jobim ist begeistert. Er versteht, dass er da etwas Neues vor sich hat –

eine Art, zu singen und Akkorde zu spielen, die ein komplett neues Genre eröffnen kann. Er sieht die Formel.

Und er hat noch ein Lied, das zu João passen könnte. Er hatte es ein halbes Jahr zuvor mit Vinicius geschrieben: »Chega de Saudade.«

Das Problem ist nur, dass es schon an jemand anderes vergeben ist. An die Sängerin Elizete Cardoso, mit der Jobim und de Moraes dabei sind, ein komplettes Album aufzunehmen. Die Platte *Canção do amor demais* erscheint im Mai 1958 und wird Jahrzehnte später oft als erste eigentliche Bossa-Nova-Veröffentlichung bezeichnet – aber nicht wegen Cardosos viel zu schwerem Gesang, sondern weil João bei zwei Liedern Gitarre spielt, »Outra vez« und »Chega de Saudade«. Und während er das tut, verliebt er sich in »Chega de Saudade« und setzt alles dran, es selbst aufzunehmen und so zu singen und zu spielen, wie *er* es will.

Er spürt, dass es *sein* Lied ist – und es gelingt ihm zum ersten Mal in seiner Karriere, seine Energien zu bündeln und so zielgerichtet zu sein, dass er, nach vielerlei Vorspielen, Versprechen und Bitten, tatsächlich Anfang Juli 1958 mit Jobim, einem Orchester und Milton Banana im Studio steht, um »Chega de Saudade« als 78er-Single für Odeon aufzunehmen.

Die Aufnahmen sind schwierig: Immer wieder streitet sich João mit den Musikern und Technikern; beschwert sich über falsche Töne, die nur er hört; bricht ab, fängt wieder an. Schließlich kommt es auch zum Streit mit dem sonst so entspannten Jobim; der verstünde nichts, hätte keine Ahnung, sei ein Idiot. Der Stress, den die beiden auch später immer wieder haben werden und der dann bis zu dem Sinatra-Zerwürfnis führen wird, kündigt sich hier schon an. Und trotzdem wird »Chega de Saudade« fertig, mit »Bim Bom« auf der Rückseite, einem Stück, das João eingefallen war, als er die Wäscherinnen von Salvador dabei beobachtet hatte, wie sie mit ihren Wäschekörben voller Kleider zum Fluss gingen. Und beide Lieder klingen wunderbar und neu und aufregend:

Leise statt laut. Leicht statt schwer. Jung statt alt.
Lebendig statt tot.

Und all das in einer Minute und neunundfünfzig Sekunden – kürzer noch als die typischen Punkrocksongs, die zwanzig Jahre später England und Amerika neue Jugendbewegungen geben sollten.

»Chega de Saudade« bricht nicht sofort wie ein Sturm über Brasilien herein. Es ruft hervor, was jede neue Kunst hervorruft, weil sie, wenn sie gut ist, die alte bedroht: Widerstand, Abscheu, Unverständnis. Ein Odeon-Verkaufsleiter in São Paulo bezeichnet es als den »Scheiß, den sie uns aus Rio schicken«. Aber trotzdem drücken sie die Platte in den Markt; und João gibt Interviews, tritt auf, setzt sich ein, weil er weiß: Jetzt, hier ist meine Chance.

Und dann setzt sich »Chega de Saudade« tatsächlich durch. Es läuft im Radio, in den Plattenläden, im Fernsehen. Es läuft drinnen und draußen, verankert sich in den Menschen und ändert etwas. Auf einmal wollen viele junge Leute Gitarre spielen statt Klavier oder Akkordeon; auf einmal steht die Gitarre nicht mehr für den Penner, der am Busbahnhof mit ihr herumsitzt, sondern für den jungen Poeten, den man auf seiner Party haben will. Auf einmal bedeutet sie Jugend, Sex und eine frische Art, die Welt zu betrachten.

Der Journalist, Songschreiber und Musikproduzent Nelson Motta, damals dreizehn, beschreibt den Moment in seinem Buch *Tropische Nächte* später so:

»Es fühlte sich an, wie vom Blitz getroffen zu werden. Es war anders als alles, was ich je zuvor gehört hatte. Ich war geschockt, nicht sicher, ob ich's lieben oder hassen sollte. Aber je mehr ich's hörte, umso mehr liebte ich es. Ich kaufte die Platte, verlor meine Unschuld an unser Hausmädchen und trat aus dem Schwimmteam aus.«

Joãos Stimme verbreitet sich; sie wird gehört, sie verstört, sie wird bewundert und geliebt, zuerst in Rio – und später, im Februar 1959, als das Album *Chega de Saudade* erscheint, im ganzen Land, ach was: der ganzen Welt. Die Formel verbreitet sich, und João muss gar kein Copyright darauf anmelden – weil schon nach zwei Takten klar ist, dass nur ein Mensch so spielen kann.

Oder gibt's vielleicht doch noch einen zweiten, den ich hier, in Rio, treffen kann? Einen, in dem die Macht stark ist, wie die Jedi-Ritter im *Krieg der Sterne* immer sagen?

Was ist das für ein Typ, dieser Anselmo? Eine Kopie? Ein Genie? Die Kopie eines Genies?

Stöhnend erhebe ich mich und humple in mein Hotelzimmer zurück, um noch ein bisschen »Hô-bá-lá-lá« auf der Gitarre zu üben. Besonders toll klingt es nicht.

Das Girl von João

Es ist kurz nach fünf Uhr nachmittags, ich sitze auf einer Bank an der Lagune, um die sich die Viertel Lagoa, Ipanema, Leblon, Jardín Botánico und Humaitá gruppieren. Jogger laufen auf der Promenade an mir vorbei; vor mir üben ein paar Skater auf der Halfpipe; kleine, wohlhabende Straßenratten.

Ich warte auf Claudia.

»Wir treffen uns bei den Skatern«, hatte sie gesagt, sie habe nämlich ihre/Joãos Tochter dabei, die noch etwas rausmüsse.

Die Skater sind da, Claudia und die Tochter nicht. Hat sie's sich anders überlegt, mit João geredet, der ihr vielleicht verboten hat, mit mir zu sprechen? Damit würde die Kronzeugin ausfallen! Und viel Zeit bleibt mir nicht mehr in Rio. Mir geht langsam das Geld aus.

Wolken ziehen auf. Es wird regnen.

Gehen wir noch mal die Fakten durch: Claudia ist die Tochter eines erfolgreichen Zahnarztes aus Rio. Auf ihrer Facebook-Seite hält sie eine Gitarre in der Hand und erinnert ein bisschen an Carla Bruni. Sie lebt in Ipanema, studierte Journalismus und Musik, eine Zeitlang arbeitete sie als Fernsehjournalistin bei TV Globo, organisierte Umfragen, kleine Reportagen, Features. Mit fünfundzwanzig heiratete sie, über den Mann ist nicht viel zu erfahren. Irgendwann kündigte sie ihren Job, um eine groß angelegte Filmdokumentation zu machen – über João Gilberto. Den João Gilberto, der nichts auf der Welt so sehr hasst wie Filmdokumentationen über ihn, weshalb bis heute keine einzige existiert. Claudia aber präsentierte sogar schon einen Trailer unter dem Arbeitstitel »Bossa Brasil«. Wie hat sie das geschafft – João verzaubert, verhext, verführt?

Das Telefon klingelt. Claudia.

»Wo sind Sie?«
»Bei den Skateboardern. Wo sind Sie?«
»Bei den Rollerskatern in Lagoa, auf der Bahn. Sie sind auf der falschen Seite der Lagune.«

Es gibt zu viele Menschen auf Rollen in der Welt. Ich stoppe ein Taxi, halte dem Fahrer das Telefon ans Ohr, Claudia gibt ihm den Weg durch. Der Verkehr ist mühsam, Feierabend-Irrsinn.

»Hier müsst's sein«, sagt der Fahrer, als wir eine Art Freizeitanlage erreichen. Ein Spielplatz, ein Restaurant, ein Eiswagen, dahinter die Rollbahn.

Während ich zahle, fällt mir auf, dass es im Taxi wirklich sehr unangenehm riecht. Es ist so ein nasser, fauliger Geruch. Wie Hundescheiße. Und Hundescheiße ist es auch, die an meinem rechten, bislang unverletzten Bein klebt. Sie muss irgendwo an der Bank gewesen sein, auf der ich bis eben saß. In zwei Minuten treffe ich Joãos High-Society-Freundin und habe Hundescheiße am Bein – und jetzt auch an den Händen, weil ich panisch versuche, das Zeug abzuwischen!

Der Fahrer schnüffelt noch unsicher, als ich aus dem Wagen springe, humpelnd, stinkend, Schweißperlen auf der Stirn. Nein, das geht nicht gut los. Dieses Treffen steht unter keinem guten Stern.

»Toilette?«, frage ich jemanden.
Schulterzucken.
»Bathroom?«, frage ich jemand anderes.
Kopfschütteln.
»Klo?«, frage ich den Eismann.

Er zeigt auf einen umzäunten kleinen Pavillon, ein Wachmann davor. Ich renne hin, er will Geld, ich halte meine Hände hoch, er weicht aus, lässt mich rein. Am Waschbecken reinige ich mich, so gut es geht, und wirklich gut geht es nicht.

Telefonklingeln. Claudia.

»Bin gleich da.« Ich laufe Richtung Rollbahn, immer noch aufgeregt, immer noch Bein und Hände absuchend.

Das Kind sehe ich zuerst. Es hat dunkle Haare, trägt einen gestreiften Pullover und Jeans und tastet sich auf seinen Inlineskates langsam über die Bahn, nicht mehr als einen Meter von der Mutter entfernt, zu der es sich immer wieder umdreht, unsicher und euphorisch zugleich. Die Mutter hat einen halblangen Mantel an und steht mit dem Rücken zu mir; auch eine Nanny ist da, eine Mulattin, etwa Mitte fünfzig.

Die Mutter dreht sich um, das Kind rollt auf mich zu. Ich winke. Claudia ist wirklich sehr schön, schöner noch als erwartet. Hier verstehe ich João tatsächlich einmal sofort.

»Hallo«, sage ich.
»Hallo«, sagt Claudia und gibt mir die Hand.
»Das ist Lulu. Eigentlich Luisa Carolina, aber wir nennen sie Lulu.«
»Hello«, sagt Lulu und rutscht fast auf ihren Rollschuhen aus. Ich kann nicht aufhören, sie anzustarren. Es ist mir unangenehm, aber es geht nicht anders.
»Ich weiß«, sagt Claudia. »Sie sieht genauso aus wie João. Sie hat seinen runden Kopf, seinen Mund, seine Nase. Nur die Augen sind von mir. Sollen wir uns dahinten hinsetzen?«

Sie verabschiedet sich von Lulu und der Nanny, wir suchen uns einen Platz unter der Zeltdecke eines arabischen Restaurants. Claudia spricht ein wenig Deutsch, sie war mal auf einer Schweizer Schule.

Sie bestellt einen Caipirinha mit wenig Zucker, ich trinke Bier.

»Claudia, Tausende Journalisten haben seit Jahrzehnten immer wieder bei João angefragt, ob sie ein Interview mit ihm führen oder ein Fernsehporträt über ihn drehen können. Tausendmal hat er nein gesagt. Sie ließ er zu – warum?«
»Nicht, weil ich besonders intelligent wäre; nicht, weil ich besonders schön wäre; nicht, weil ich besonders besonders wäre – sondern weil ich mich mit aller Leidenschaft für ihn und seine Sache interessiere, glaube ich. Er hat gespürt: Dieses Mädchen will mich verstehen, will die Bossa Nova verstehen.«
»Wie konnte er das spüren?«
»Er kennt mich, seit ich klein bin. Er ist ein Freund meines Vaters, der auch sein Zahnarzt war. Joãos Musik und seine Geschichte haben mich immer fasziniert. Ich studierte Musik auf dem Berklee College in Boston, suchte nach der Geschichte der Bossa Nova, fand aber kaum Material. Vor fünfzehn Jahren

hatte ich dann die Idee, João zu begleiten, den Erfinder und Meister dieses Stils.«

»Wie reagierte er darauf?«

»Zuerst natürlich panisch. Er sagte: ›Claudia, du kannst gern zu den Konzerten kommen und aufschreiben, was du siehst, aber ich hasse Mikrofone, Kameras, Bilder. Alles erscheint später immer verfälscht und verändert.‹ Also verzichtete ich zuerst auf die Kamera und begleitete ihn zu Konzerten in Frankreich, Italien, Tokio, New York. Irgendwann aber wurde mir klar: Es bloß aufzuschreiben reicht nicht. Schreiben allein ist zu unmodern für unsere Zeit, und in Brasilien lesen die Leute eh kaum. Nach einem langen Kampf überzeugte ich ihn, eine Filmkamera zuzulassen. Vor etwa zehn Jahren fingen wir an, in der Carnegie Hall in New York. Dann bekam ich immer mehr Material.«

»Wie weit sind Sie?«

»In meinem Kopf ist der Film so gut wie fertig. Wir haben einen zehnminütigen Teaser produziert, aber den vollen Film will ich nicht ohne João fertigstellen. Er soll die Musik aussuchen, noch ein paar Details klären. Er hat aber leider so viel zu tun.«

»Was denn, außer Gitarre zu spielen?«

»Eben genau das: Gitarre spielen. Zwölf Stunden am Tag. Er kann nicht aufhören damit.«

Sie sieht mich an, lächelt ein bisschen unsicher, nimmt einen Schluck Caipirinha.

»Sie sitzen seit fünfzehn Jahren an einer Dokumentation über einen Mann, der die ganze Zeit Gitarre spielt, und können sie nicht beenden, weil er die ganze Zeit Gitarre spielt – ist es so?«

»Ja.«

Zwei Kellner kommen und bauen Moslem-Speisen vor uns auf: Dips und Saucen, Hummus und Fladenbrot, Auberginenpüree und Tabuli. Schmeckt alles ganz gut.

»Sind Sie ein Paar?«
»Nein. Eine Zeitlang waren wir das, aber man kann nicht mit ihm leben. Ich hab's versucht, aber man sieht kein Tageslicht mehr, wenn man mit ihm zusammen ist; man isoliert sich völlig. Jetzt haben wir ein Kind zusammen, und ich liebe ihn sehr, und wir sehen uns regelmäßig, aber jeder führt seine eigene Existenz.«
»Wie haben Sie sich in ihn verliebt?«
»Es kam schleichend. Ich verzweifelte während der Arbeit darüber, dass er nicht redete, sich nie erklärte. Er funktioniert nicht wie andere, gibt dir keine Informationen. Er singt, er spielt, er nimmt wahr, was er wahrnimmt – das ist alles. Er hat keine Worte dafür. Mir wurde klar, dass ich mit ihm leben muss, um ihn zu verstehen. So, wie man Musik lernen muss. Und verbrachte immer mehr Zeit mit ihm.«
»Also haben Sie sich in Ihr Studienobjekt verliebt.«
»Wenn man viel Zeit mit jemandem verbringt, der so intelligent und begabt ist, ist es fast unmöglich, keine Nähe aufzubauen. Natürlich wehrte ich mich dagegen, als ich es begriff. Ich war verheiratet, João war viel zu alt. Als mir auffiel, dass ich immer wieder zu ihm ging, obwohl ich eigentlich alles nötige Material für den Film hatte, wusste ich: Ich liebe ihn.«
»Es dauerte zwei Jahre, bis Sie zugaben, dass das Kind von João war. Was geschah während dieser Zeit?«
»Es war natürlich die Hölle und ein Riesenskandal. Meine Familie ist sehr traditionell. Ohne meine Freunde hätte ich das alles nicht überstanden. Weil ich komplett unvorbereitet war: darauf, wie ich es meinem Mann erklären sollte; darauf, wie ich es meiner Familie erklären sollte. Ich verschloss mich. Das Irrste aber war, dass ich überhaupt schwanger wurde.«
»Warum? Sie hatten eine Affäre.«
»Ja, aber kurz vorher noch hatte mir mein Arzt gesagt, dass es sehr unwahrscheinlich sei, dass ich je Kinder bekommen

könnte. Ich sollte eine Operation haben, wegen der Reisen mit João konnten wir aber keinen Termin finden. Dann kam auf einmal Lulu.«
»Wie reagierte João?«
»Glücklich. Er liebte sie vom ersten Moment an.«
»War er bei der Geburt dabei?«
»Nein, er gab ein Konzert, in New York oder Tokio, glaube ich.«

Es klingt wie ausgedacht, ist aber wahr: Das Gewitter bricht los, das sich schon den ganzen Tag lang angekündigt hat. Vom Jardín Botánico her donnert es, Regen prasselt auf das Zeltdach, unter dem wir sitzen.

Lulu erscheint, zusammen mit der Nanny. Sie gibt ihrer Mutter eine kleine gelbe Blüte und umarmt sie. Dann kommt sie zu mir und gibt mir auch so eine Blüte.

»Hey. Vielen Dank, Lulu.«
»Bitte. Ich kann dir noch eine besorgen. Sie ist von einem Baum«, sagt sie. Ihr Englisch ist perfekt.
»Von welchem?«
»Ich weiß nicht. Ein Baum eben.«
»Du sprichst das beste Englisch, das ich je in Brasilien gehört habe. Wie kommt's?«
»Ich bin in der ersten Klasse.«
»Und, wie ist es da so?«
»Ich mag Mathe und Musik.«
»Mathe, echt?«
»Ja, da kann man viel zeichnen. Und in Musik singen wir viel.«

»Magst du das Lied singen, das ihr neulich gelernt habt, Lulu? Das zum Muttertag?«, fragt Claudia.

»Es ist aber portugiesisch«, sagt Lulu und sieht mich an.
»Schon okay, Lulu.«

Lulu singt. Sehr zart, sehr schüchtern und sehr leise, so dass es gegen das Gewitter kaum zu hören ist. Aber auch sehr schön und herzzerreißend, weil sie eine Tochter ist, die ihre Mutter glücklich machen will.

Claudia übersetzt:

Mein Herz,
ich weiß nicht, warum,
ist glücklich, wenn es
dich sieht.

»Es ist ein altes Lied des Komponisten Pixinguinha. Am Ende ändert Lulu die Worte immer ein bisschen: Mama, meine Liebe, du bist meine Liebe oder so was in der Art.«
»Wie João.«
»Wie João. So was bringt er ihr bei.«

Lulu und die Nanny verabschieden sich und verschwinden im Regen.

»Ist er ein guter Vater?«
»Er ist wunderbar, würde alles für sie tun. Er respektiert sie sehr: Sie ist hundert Jahre alt, nicht sechs, sagt er immer. Er spielt mit ihr, er spielt für sie, so wie er es auch für Bebel und João Marcelo früher immer getan hat; sie singen zusammen, gucken Fußball, die Spiele von Vasco da Gama. Sie kriegt die beste musikalische Früherziehung, die möglich ist. Das ist mein größtes Geschenk an sie. Er vergisst nur, dass sie auch mal Hausaufgaben machen muss.«

»Wie oft sieht er sie, wenn er tagsüber immer schläft?«
»Lulu sieht ihn meist am Wochenende. Wenn sie ihn auch mal in der Woche besucht, ist es gefährlich: Er will dann, dass sie schulfrei macht und sich stattdessen die Vögel anhört oder so was. Sie muss lesen und schreiben lernen, João, sag ich dann immer.«
»Wie erklären Sie ihr seine Existenz?«
»Es ist nicht leicht für sie. Schultreffen, Kindergeburtstage – all die Dinge, die die anderen Väter mitmachen, gehen nicht mit João. Ich habe ihr erklärt, dass er anders ist, ein Musiker. Er kann, was die Anzugträger und Angestellten nicht können: Schönheit erschaffen. Sie versteht das und behandelt ihn mit Würde – nicht so, als ob er verrückt wäre.«
»Er ist nicht verrückt, Ihrer Meinung nach?«
»Nein, nur sehr, sehr empfindlich. Aber er hat ein gutes Herz. Und er wurde zutiefst verletzt, tödlich fast, durch das, was die Plattenfirma EMI ihm angetan hat.«
»Was genau haben sie gemacht?«

Claudia greift in einen Beutel und zieht drei Schallplatten heraus, wie Beweisstücke. Die drei verlorenen Alben. Neben *Chega de Saudade* noch *O amor, o sorriso e a flor* von 1960 und *João Gilberto* von 1961.

»Sie haben diese drei Platten zerstört, als sie digitalisiert und auf CD übertragen wurden. Sie haben die Lieder neu gemischt, nahmen andere Instrumente dazu, seine Gitarre hört man kaum noch; dazu haben sie eine grässliche Zusammenstellung auf den Markt gebracht. Sie haben sein Lebenswerk und den Grundstein der Bossa Nova entstellt, ja regelrecht vergewaltigt.«
»Ist es wirklich so schlimm? Ich habe eine CD-Version von ›Chega de Saudade‹, die auf einem englischen Kleinlabel herausgekommen ist, die klingt sehr schön.«
»In deinen Ohren vielleicht; in Joãos Ohren aber nicht, und

mittlerweile auch in meinen nicht mehr. Ich dachte zuerst auch, er sei verrückt. Dann schlug ich vor, die Frequenzen und Dynamiken messen zu lassen, und es stellte sich heraus: Sie sind anders. Nicht mehr so wie auf den Masterbändern, nicht mehr so, wie João es damals im Studio gewollt hat – denn er, nicht Jobim, war es ja, der die Aufnahmen im Wesentlichen geleitet hat. Er, mit seinem perfekten Gehör, hat sofort gewusst, was sie seinem Werk angetan haben.«

»Er hört das raus, einfach so?«

»Er hört alles, selbst die kleinsten Details! Nichts an ihm funktioniert so gut wie seine Ohren. Er kann dir sagen, in welcher Tonart ein Kanarienvogel singt, ob eine Autohupe falsch gestimmt ist oder welche Akkorde zum Sommerwind passen. Er weiß, welche Saite wie vibrieren muss, damit sie genau so klingt, wie er es will. Er kann sich Harmonien aus der Luft greifen wie ein Magier.«

»Warum sollte EMI das tun – so gegen ihn arbeiten, es sich so mit ihm verscherzen?«

»Aus vielen Gründen: Weil's ihnen egal ist; weil sie schnell und einfach Geld verdienen wollen; weil's ein englischer Konzern ist, der sich damals das brasilianische Urlabel Odeon einverleibt hat; weil EMI, die damals größte Plattenfirma der Welt, lieber Beatles – englische Musik also – verkaufen wollte als João. Beim Grammy für *Getz/Gilberto* 1965 hatte er sich ja schon gegen die Rolling Stones und Louis Armstrong durchgesetzt.«

»Das klingt nach Verschwörung und Neokolonialismus, Claudia. Ist das nicht übertrieben?«

»Nein. Es ist tatsächlich eine Sache von höchster Wichtigkeit, weil's hier um eins der größten Kulturgüter geht, die Brasilien je hervorgebracht hat: João Gilbertos Bossa Nova. Also sollte Brasilien sich auch rechtlich für ihn einsetzen. Aus dem Grund ging ich sogar bis zum Kulturminister, bis zu Juca Ferreira.«

»Was hat der gesagt?«
»Dass es eine Privatsache sei, für die er nichts tun könne. Also bin ich es, die sich mit EMI-Offiziellen, Anwälten, mit jedem trifft, der's vielleicht irgendwie schaffen kann, damit João aus dem Vertrag rauskommt und die Originalbänder zurückbekommt.«
»Wo sind die?«
»EMI behauptet, in Brasilien. Wir glauben das nicht. Einmal zeigten sie uns welche, es waren aber nicht die Originale. Es ist alles sehr anstrengend, und die Justiz in Brasilien ist die langsamste der Welt.«
»Haben Sie den Vertrag gelesen?«
»Ja, er ist von 1958. ›Konntest du damals lesen?‹, hab ich João gefragt. Er war nie ein guter Geschäftsmann. Hat viel zu viele Rechte weggegeben.«

Der Regen hört langsam auf jetzt. Die Lichter spiegeln sich auf dem Wasser der Lagune.

»Ist das seine größte Verletzung, der Grund für seinen Rückzug?«
»Ja. Das hat ihm das Genick gebrochen. Seitdem ist er sozial tot, wie ein Kriegsverletzter. Stell dir vor, du bist Michelangelo und sie kritzeln Strichmännchen in deine Sixtinische Kapelle. Stell dir vor, du bist James Joyce und sie bauen deine Sätze um. Was hat es dann noch mit dir zu tun?«

Sie kämpft seinen Kampf. Sie hat sein Leid, seinen Schmerz, seinen Wahn und seine Leidenschaft übernommen und opfert sich nun seinem Genie. Auch sie wurde angesteckt, wie Otávio Terceiro und all die anderen, die nicht schnell genug wegkamen.

»Arbeiten Sie sonst noch an etwas, Claudia?«
»Nein. Ich bin für Lulu da und kümmere mich darum, dass João

recht bekommt, das ist mehr als ein Vollzeitjob. Mein Vater sagt, ich solle damit abschließen und mir eine neue Realität suchen. ›Aber *das* ist meine Realität, Vater!‹, antworte ich dann immer.«

Sei vorsichtig, oder du bist auf ewig verdammt, hatte Menescal gesagt. Ein weiser Mann, Menescal.

Der Kellner bringt neue Drinks.

»Warum sagt er nicht ›Fuck it!‹ und kommt einfach drüber weg? Ich meine, er hat sich schon in die Geschichte eingeschrieben, was will er mehr?«
»Weil er so nicht ist«, sagt Claudia. »Weil er wie niemand sonst ist. Weil er João ist.«

Es klingt wie ausgedacht, ist aber wahr: Claudias Telefon klingelt. João, signalisiert sie.

Ich verstehe nur: hallo, gut, nein, wirklich gut, okay, tschüss.

»So ist das«, sagt sie nach dem Auflegen. »Er wacht auf und ruft an: ›Ist alles okay, welcher Tag ist heute?‹
Ich: ›Ja, João, alles okay, heut ist Montag, und es ist Nacht, nicht Tag.‹
Er telefoniert wahnsinnig viel. Es ist sein Kontakt zur Welt.«

Sie guckt ein wenig hilflos jetzt.

»Ist er gesund, fit?«
»Er hatte ein paar längst fällige Untersuchungen zu machen; ab und zu hat er eine Verkrampfung in der Hand, vor vierzig Jahren in New York ging das los, und sie kommt immer mal

wieder, wovor er natürlich Angst hat, weil er dann nicht spielen kann. Aber ansonsten, bis auf die Langzeitdepression, die ich gerade erklärte, ist er sehr lebendig. Vernachlässigt sich eben nur.«
»Therapie?«
»Ich hab's ihm so oft vorgeschlagen, aber er sagt, die Heilung sei seine Musik. Ihm ist nicht klar, dass es nicht gesund ist, zu leben, wie er lebt, drinnen, im Dunkeln, für immer.«
»Wie blass ist er? Vampirblass?«
»Sehr blass. Ich zeig ihn dir.«

Sie holt ihren Blackberry aus der Tasche, tippt ein wenig darauf herum, dann gibt sie ihn mir.

Drei Fotos sind zu sehen:

João, mit seiner großen Professorenbrille und den etwas wirren, etwas zu langen Resthaaren, wie er Lulu im Arm hält und an sich drückt. Er lächelt, sie lacht. Ob er spitze Eckzähne im Mund hat, ist bei der groben Pixelung nicht zu erkennen.

João, kaffeetrinkend, im ungebügelten Hemd mit der Tasse vor der Nase der Kamera zuprostend – ob schalkhaft oder traurig, ist schwer auszumachen. Vielleicht eine Mischung aus beidem.

João mit Lulu auf dem Boden spielend, auf einer Decke rumtollend.

Was sagen solche Bilder? Denke ich beim Anschauen Joãos Geschichte mit und alles, was ich von ihm zu wissen meine, bekomme ich meine Erwartungen bestätigt: João – ein tatsächlich sehr blasser, allen Welten entrückter Mann, dessen Einsamkeit nur durch seine Tochter unterbrochen wird. Wüsste ich nicht, dass es sich um João handelt, würde ich denken, dass ein für sein Alter eigentlich gar nicht so unrüstiger Durchschnittswitwer zu sehen ist, der Besuch von seiner Enkeltochter bekommt und das sehr zu genießen scheint, weil sie ja auch wirklich ganz zauberhaft ist.

Welche Wahrnehmung stimmt?

»Von wann sind die Fotos?«
»Von letzter Woche.«

Es ist das erste Mal, dass ich tatsächlich das Gefühl habe, Kontakt zu João zu haben. Das aktuellste Zeichen, dass es ihn überhaupt gibt. So nah war ich ihm noch nie. Es ist ein bisschen ein komisches Gefühl auch. Als hätte ich mir unbefugt Zutritt zu etwas verschafft. Aber in meiner Lage bin ich selbst auf die kleinste Information angewiesen. Detektive sind so, müssen so sein.

»Wer außer Ihnen besucht ihn regelmäßig?«
»Kaum jemand. Viele behaupten, sie hätten Zugang, aber das stimmt nicht. Otávio, Miúcha, Lulu, ich – das ist's praktisch.«

Stimmt, Miúcha gibt es ja auch noch. Watson, übernehmen Sie!

»Otávio ist wirklich sein bester Freund?«
»Er ist ein Freund, der früher viel mit ihm gearbeitet hat. Sie sehen sich noch, aber João ist enttäuscht von ihm, sagt er. Er meint, Otávio sei kein guter Mensch. Ich weiß nicht, wovon er redet, denn Otávio war immer für ihn da. João sagt, er habe keine echten Freunde. Sie alle liebten an ihm nur die Konfusion, sagen sie.«
»Die Konfusion?«
»Ich glaube, er meint damit, dass Freunde auch sehr egoistisch

sein können: sich einreden, etwas für einen anderen zu tun, während sie es in Wirklichkeit für sich tun. Irgendwas Wahres mag da dran sein. João malt es nur viel dunkler, als es ist.«
»Mag er Rio eigentlich?«
»Im Grunde nicht. Er kommt aus Bahia. Da zählen andere Werte, nicht so oberflächliche wie hier. Bahia ist ländlicher, es geht um Familie, Vertrauen, Glaube. Er war so traurig, als sein Bruder gestorben ist. Wir sind mal zusammen nach Bahia gefahren.«
»Er hat das Apartment verlassen?«
»Ja, einmal hab ich ihn rausbekommen, um die Orte seiner Jugend zu besuchen: Juazeiro, Salvador. Es machte aber keinen Unterschied. Auch da blieb er immer im Hotel, den ganzen Tag, die ganze Nacht lang. Nur in Juazeiro blühte er kurz mal auf.«
»Wie das?«
»Er hatte aus dem Auto heraus eine Bekannte entdeckt und lief sofort auf sie zu, um sie zu umarmen: Maria.«

Ich lasse die Vorstellung vom spontan herausspringenden und umarmenden João kurz zu – klingt absurd und toll und wunderbar zugleich.

»Und wenn man ihn aus Rio rausbekäme, zurück nach Bahia?«
»Er ist zu alt und zu verschroben, um ihn noch herauszubekommen, Marc. Er wird sich nicht mehr ändern.«
»Sind Sie sehr katholisch?«
»Ja.«
»Und João?«
»Seine Mutter betete täglich. Er meditiert viel.«
»Nach den Regeln des Yogananda?«
»Ja. Er wiederholt Mantras und Klänge, die ihn auf eine höhere Bewusstseinsstufe bringen.«
»Kifft er noch viel?«

»Wenn er was kriegt, nimmt er's. Wenn er arbeitet, nicht. Zwei Monate vor einem Konzert oder einer Aufnahme nimmt er nicht mal mehr Salz oder Pfeffer zu sich.«
»Wann wacht er nachts auf?«
»Manchmal ist er auch tagsüber wach. Dann wieder erst abends um zehn. Manchmal schläft er zwei Tage nicht und isst kaum; dann wieder schläft er ein paar Stunden ganz normal. Er hat den uns bekannten Tageslauf abgeschafft.«
»Wie feiert er seinen achtzigsten Geburtstag?«
»Er feiert nichts, nie. Kein Neujahr, keinen Geburtstag, gar nichts.«

»Einmal noch: Ist er auf Facebook? Ich bin nämlich mit ihm befreundet.«
»Nein.«
»Wer schreibt in seinem Namen?«
»Ein Typ, der mal mit João telefoniert hat und sich nun einen Spaß draus macht, sich als João Gilberto auszugeben. Ich glaube, er heißt Hugo Grimaldi Jr. Ich fragte João, ob ich was dagegen tun soll, er sagte, es sei ihm egal, er habe keine Lust, sich darum zu kümmern. Grimaldi ist einer von den vielen Typen, die Geld mit João verdienen. Es gibt auch noch andere, irgendwelche Agenten, die so tun, als könnten sie João für Konzerte buchen, und dann ihre eigenen Künstler vermitteln, wenn sie nach João gefragt werden. Oft heißt es, João sei wie Dracula, aber es gibt noch viel mehr Draculas, die ihn aussaugen.«
»Kennen Sie einen Anselmo?«
»Nein, wer soll das sein?«
»Ein Mann, der genauso singen und spielen kann wie João.«
»Kann mir nicht vorstellen, dass es so jemanden gibt.«
»Was lernt man, wenn man in Joãos Apartment ist?«
»Es ist eine sehr zentrale Erfahrung. Religiös fast. Man merkt, wie wahrhaftig Kunst sein kann. Und wie schlimm es sein kann,

wenn sie so absolut ist. Weil sie dann vieles andere ausschließt. Menschen zum Beispiel.«
»Im Badezimmer in Diamantina fand João seine Persönlichkeit. Hat er's je verlassen?«
»Nein. Er sitzt noch immer drin. Manchmal denk ich, ich habe Lulu bekommen, um ihn da rauszukriegen. Warum wollen Sie all das wissen? Es ist schmerzhaft.«
»Ich will wissen, wie João zu dem geworden ist, der er ist. Es ist ja fast eine biblische Geschichte.«
»Aber es ist kein Märchen. Es ist sehr traurig.«
»Sind Märchen ab und zu.«
»Ja, und vielleicht ist dieses hier viel zu traurig, um es überhaupt zu erzählen.«
»Das Traurigste an allem?«
»Dass er für die Wände spielt, obwohl er alle Lieder längst kann, weil er sie seit Jahrzehnten beherrscht. Dass er das schönste Stück der Welt so spielt, wie's noch nie gespielt worden ist, und dann sagt: ›Es ist noch nicht fertig, Claudia.‹ Und ich fürchte oft, das wird's auch nicht mehr.«

Alles wiegt unsagbar schwer jetzt: die junge Frau vor mir, die sich einer Aufgabe verschrieben hat, die praktisch nicht lösbar ist; der alte João allein in seinem Apartment nur wenige Meilen von uns entfernt; die ganze Verschwendung der Schönheit, die immer wieder in diesem Apartment auftaucht und es nie verlässt. Wo die Bossa Nova mal eine Geschichte des Lichts war, ist sie jetzt eine der Dunkelheit. Es gibt auch eine Schönheit, die alles verschlingt. Joãos Schönheit ist so eine.

Sehnsucht, gottverdammte Sehnsucht!

»Der Film, wird er je fertig?«
»Ich weiß es nicht. Um ehrlich zu sein, hab ich mich die letzten

sechs Jahre kaum drum gekümmert; nur Joãos Musik gesammelt, damit wenigstens etwas überlebt. Kann sein, dass Lulu den Film eines Tages beenden muss.«

Langes Schweigen. Wir trinken die Drinks aus und sehen uns an; es gibt nicht mehr viel zu sagen. Wir haben über fünf Stunden geredet und sind erschöpft.

Ich zahle die Rechnung, Claudia bietet an, mich nach Hause zu fahren. Als wir aufstehen, stecke ich Lulus Blüte in die Tasche. Sie ist inzwischen ganz verschrumpelt.

Kurz bevor sie mich wieder rauslässt, stelle ich Claudia noch eine Frage:

»Wenn ich João treffen wollen würde, gar nicht, um zu reden, nur um zu hören, wie er Gitarre spielt, zum Beispiel ›Hô-bá-lá-lá‹, was müsste ich tun?«
»Es ist schwer, aber ich kann es probieren. Ihm erklären, dass du seine Musik von ganzem Herzen liebst – aber ich kann dir keine große Hoffung machen. Hoffnung ist schön, kann aber auch viel zerstören.«

Dann fährt sie, und erst als ich wieder im Hotel bin, fällt mir auf, dass ich in den letzten Stunden kein einziges Mal an mein Bein gedacht habe. Unter all den anderen Schmerzen ist es einfach untergegangen. Und auch von der Hundescheiße ist praktisch nichts übrig geblieben.

Crushed by the Wheels of Industry

Gleich mittags versuche ich herauszufinden, was Joãos Großgegner EMI zu seinen und Claudias Anschuldigungen zu sagen hat. EMI ist einer der letzten Riesenkonzerne unter all den sterbenden Musikfirmen, Labels wie Virgin, Blue Note, Capitol, Chrysalis und Parlophone gehören dazu. Er wurde 1931 als Electric and Musical Industries Ltd. in London gegründet, eröffnete die Abbey-Road-Studios, machte die Beatles groß und schloss mit Robbie Williams einen Exklusivvertrag über achtzig Millionen Pfund ab.

Bei EMI Brasil verweist man mich auf EMI England, wo eine Frau namens Silvia Coleman sich angeblich um die Sache kümmern soll. Mit ihr hatte Claudia auch geredet. Als ich in London anrufe, sagt man mir, Coleman arbeite nicht mehr bei EMI.

»Wer kümmert sich jetzt um João Gilberto?«, frage ich.
»Um wen?«
»João Gilberto, den berühmten Bossa-Nova-Musiker, den Sie im Programm haben. Wissen Sie, wen ich meine?«
»Hm. Ich stell Sie mal an unsere Katalogabteilung weiter.«
Mailbox.

Ich hinterlasse eine Nachricht mit der Bitte, mich möglichst schnell zurückzurufen. Nie wieder höre ich was von EMI London, trotz mehrmaliger Versuche auch in den nächsten Tagen.

Ein paar Stunden später bekomme ich eine E-Mail von Gerald Seligman, er war lange Marketingmanager bei EMI Brasil und auch ein Freund Joãos, lebt mittlerweile in New York. Ein Bekannter aus Berlin hatte mir den Kontakt gemacht.

»Zuerst beschwerte sich João nicht über die Klangbearbeitung«, schreibt Gerald. »Vielleicht war er ein bisschen unzufrieden, aber für mich hörte es sich gut an, vor allem wenn man bedenkt, in welchem Zustand das dreißig Jahre alte Ausgangsmaterial der Bänder gewesen war.
1988 wollte EMI für eine Zusammenstellung namens ›O Mito/ The Legendary João Gilberto‹ Joãos erste drei Alben auf einer CD veröffentlichen. Das Problem war, die Alben passten nicht ganz drauf, also entschied EMI, drei Songs zu kürzen beziehungsweise ›O Nosso Amor‹ und ›Felicidade‹ zum Medley zu mischen. Angeblich hat EMI das ohne Joãos Zustimmung getan, und wenn es wirklich so gewesen ist, war es sicher falsch. João wurde so wütend, dass er EMI vor Gericht brachte.
Es ist tragisch, dass es die Alben nicht mehr gibt. Sie gehören zum Besten, was João – und Brasilien – je hervorgebracht haben. Aber João ist ein harter Kämpfer und hatte viele solcher Situationen. Jobim wollte in der Zeit, als ich mit ihm arbeitete, immer Frieden mit João schließen – sie redeten ja nicht mal mehr miteinander. Er bat mich, ihn zu grüßen, ein gutes Wort für ihn einzulegen, was ich tat, da es wunderbar gewesen wäre, die beiden wieder zusammenzubringen. Es war naiv von mir, das zu glauben. João war stur und schickte nie einen Gruß zurück.«

Später versuche ich, Mike Alway zu erreichen, den Labelmanager der kleinen englischen Plattenfirma El, der *Chega de Saudade* und nun auch *O amor, o sorriso e a flor* als hübsch aufgemachte

CD in kleiner Auflage in Europa herausbringt. Wie kam er dazu? Fünfzig Jahre nach ihrer Entstehung sind Musikaufnahmen frei von Verwertungsrechten, der Musiker hat dann kein Anrecht auf Schutz mehr. Diese Frist wäre abgelaufen, aber João hat ja Anwälte eingeschaltet, die jegliche Veröffentlichung des Materials verbieten, weil angeblich eine Persönlichkeitsrechtsverletzung vorliegt.

Alway ist der König des Geschmäcklerpop, ein Stilgigant, der in den achtziger Jahren komplette Images für seine Bands entwarf. In seiner Antwort-Mail schreibt Alway, er freue sich sehr darüber, dass endlich mal jemand die João-Geschichte recherchiere. Ich solle ihm bitte jede Frage stellen, die mir einfiele, er werde sie bis Ende der Woche beantworten. Tu ich sofort, doch nur ein einziges Mal noch werde ich in den nächsten Wochen von ihm hören, obwohl ich immer wieder nachhake: Seine Mutter sei ganz plötzlich schwer erkrankt, schreibt Alway, er müsse zu ihr und könne im Augenblick weder reden noch schreiben. Irgendwie überrascht es mich nicht. Irgendwie ist es völlig logisch, dass wieder alles dunkel wird um João, wenn's mal kurz so aussieht, als würd's grad heller.

SMS von Claudia. Sie fand's nett gestern und sagt, sie würde mir gern noch ein paar Aufnahmen zeigen, sobald ihr Computer wieder repariert sei.

Das Telefon klingelt. Watson.

»Zwei gute Nachrichten: Nummer 1: Miúcha hat sich gemeldet. Sie war erst in Buenos Aires und dann krank. Du kannst morgen mit ihr zu Abend essen, wenn du willst.«
»Will ich. Nummer 2?«

»Ich hab Anselmo erreicht. Wir treffen uns nachher um neun in einer kleinen Bar in Copacabana. Sie heißt ›Bip Bip‹. Rua Almirante Gonçalves 50. Bring deine Gitarre mit!«

Anselmo

Klein ist kein Ausdruck fürs »Bip Bip«. Eher ist's ein Loch in der Wand, vor dem ein paar unrasierte Menschen sitzen, in Trikots, Shorts, Schlappen. Und Bier trinken und sich die ganze Zeit streiten. Worüber, verstehe ich natürlich nicht: Politik, Fußball, Gott und die Frauen, nehm ich mal an. Die Klassiker.

Am Ende der Straße liegt der Strand. Der Sand leuchtet von den Laternen darüber.

Der Typ, dem die Bar gehört, ist sofort daran zu erkennen, dass er den besten Bart hat und der Lauteste von allen ist. Und der Mürrischste. Wenn Roberto Menescal Hemingway in nett ist, dann sieht der Chef hier aus wie Hemingway in böse.

»Entschuldigung, ich hätte gern ein Bier«, sage ich.

Chef schaut skeptisch auf die Gitarre über meiner Schulter. Chef schnaubt und zeigt auf das Ende des schlauchförmigen Raums, an dem ein Kühlschrank steht. Ich nehme mir ein Bier und setze mich nach draußen, an einen Tisch mit einem Menschen, der mit sich selbst redet und eine Zigarette nach der anderen raucht. Im Hintergrund fängt eine Samba-Band an, ein bisschen herumzuklöppeln, ein Mann singt dazu. Es nervt ein wenig.

Watson erscheint. Sofort sehen alle hin, als sie sich zu mir setzt, und verstummen kurz. Ich liebe Watson, allein schon aufgrund dieser Wirkung. Weil sie stolz und mächtig wie ein Wal jede Szene betritt.

»Hey, Sherlock.«
»Hey, Watson.«
»Anselmo noch nicht da?«
»Nicht dass ich wüsste.«
»Ich frage mich, wie er wohl aussieht. Brille, schütteres Haar, Bankangestelltenhose, wie João? Pyjamaträger? Wie sieht jemand aus, der wie jemand anderer *ist*?«

»Alfredinho!«, sagt ein Mann, der nun die Bar betritt und dem Chef auf die Schulter klopft, der das in einer Mischung aus Widerwilligkeit und Freude annimmt. Der Mann hat eine Baseballkappe auf dem Kopf, unter der ein langer Haarzopf herausguckt, einen seltsam gezirkelten Rundbart um den Mund und trägt ein viel zu großes rosa T-Shirt. Er ist angezogen wie ein Surfer, aber so blass, als hätte er noch nie im Leben einen Sonnenstrahl abbekommen. Wie gepudert wirkt sein Gesicht.

»Pedro!«, sagt der Mann und begrüßt den Nächsten, einen Dunkelhaarigen, der sieben geleerte Bierdosen vor sich stehen hat.
»Francisco!«
»Camilla!«
»Antônio!«

Er schaut sich um zu uns.

»Anselmo?«, fragt Watson.

Er nickt und kommt rüber zu uns. Er sieht mich an, lange, lächelt, gibt mir die Hand. Nie hätte ich ihn mir so vorgestellt. Etwas ganz und gar Barockes ist an diesem Mann.

»Sie kommen aus Deutschland?« Er sagt es nicht, er flüstert es.
»Ja.«
»Kennen Sie Bach?«

Und dann, bevor er noch das erste Bier bekommen hat, fixiert er mich und fängt an zu singen, aus dem Nichts heraus, als stünde er auf einer Bühne:

Bist du bei mir, geh ich mit Freuden
zum Sterben und zu meiner Ruh.
Ach, wie vergnügt wär' so mein Ende,
es drückten deine lieben Hände
mir die getreuen Augen zu!

Bist du bei mir, geh ich mit Freuden
zum Sterben und zu meiner Ruh.

Wieder Sehnsucht, nur dass sie diesmal deutsch spricht.

»Ich liebe Bach«, sagt Anselmo.
»Und João«, sage ich.
»Und João«, sagt er.
»Ich habe gehört, Sie singen und spielen wie er.«
»Das stimmt«, sagt Anselmo.
»Wie kommt's?«
»Die Leute sagen, es sei eine spirituelle Verbindung.«
»Sie sind viel jünger als er, stimmt's?«
»Ich bin vierundfünfzig. Aber Alter hat nichts damit zu tun.«
»Haben Sie ihn je getroffen?«

»Nein, nur telefoniert, ein paar Mal. Einmal, nach einem Konzert, auf dem ich ›Chega de Saudade‹ gecovert habe, hat er mir später was zu essen bringen lassen.«
»Was gab's – Steak?«
»Ja, woher wissen Sie das?«

Anselmo erzählt: Wie er im Norden Rios aufwuchs als Sohn eines Militäroffiziers, der die ganze Zeit klassische Musik hörte, deutsche vor allem – bis seine Schwester, ein paar Jahre älter, den Bossa Nova João Gilbertos ins Haus brachte. Monatelang spielte sie nur diese Musik; und Anselmo begann, zu dieser Musik Gitarre zu spielen. Bis er irgendwann gar nichts anderes mehr tat.

»Ich wurde ganz und gar Musik«, sagt Anselmo.

Er ging dann aus. Jeden Abend nahm er den Bus aus der Nordzone in den Süden der Stadt, nach Copacabana vor allem. Es ist eine stundenlange Reise dorthin. Er spielte in Clubs und Bars. Bis ihn Ronaldo Boscoli entdeckte. Es sei völlig irre, sagte Boscoli, Anselmo spiele nicht einfach nur *wie* João; es klänge so, als sei *er* tatsächlich im Raum.

»Was ist das Geheimnis von Joãos Spiel, Anselmo?«
»Es ist schwierig zu erklären. Sein Rhythmus, sein Swing, die Art, wie er die Silben bindet und über die Melodie führt, mal schneller, mal langsamer. Seine rechte Hand tut Dinge, die keine andere rechte Hand der Welt tut; alles ist präzise und fehlerlos. Ich nenne es leichtes Gift.«
»Leichtes Gift?«
»Ja, etwas, das unmerklich in dich übergeht und in eine andere Richtung zwingt. Etwas, das du aufnimmst und das dich dann leitet.«

»Haben Sie eine Ausbildung, Anselmo?«
»Nein, ich war nie auf einer Musikschule oder so was. Einmal wollte ich und bewarb mich bei einem Professor. Ich spielte ihm Bach vor. ›Sehr schön‹, sagte er. ›Wie lang hat's gedauert, bis Sie die Partituren konnten?‹ ›Relativ schnell‹, sagte ich, ich hätte sie gar nicht erst gelernt. Da war er sehr überrascht.«
»Sie spielen allein nach Gehör?«
»Ja.«
»Warum studierten Sie nicht bei dem Professor?«
»Ich hatte gerade geheiratet und musste Geld verdienen. Heute arbeite ich als Gitarrenlehrer. Acht oder neun Schüler hab ich.«
»Was kostet eine Stunde?«
»Achtzig Reais.«

Ich nehme meine Gitarre aus der Hülle, gebe sie ihm.

»Ich muss Sie spielen hören, Anselmo. Einmal ›Hô-bá-lá-lá‹ bitte!«

Er fasst die Gitarre an, betrachtet sie, streicht darüber.

»Was für eine Gitarre ist das?«
»Eine deutsche. Sie ist sehr alt. Hundert Jahre.«

Er stimmt sie, lange, ohne Stimmgabel, Leitton, irgendwas. Er prüft jede Note, für mich klingen sie gut, aber Anselmo justiert wieder und wieder.

Er sagt: »Alles muss passen. Die Bünde liegen enger zusammen als bei mir. Hör das A.«

Dann, nach fünf Minuten, fängt er an:

Madame diz que a raça
não melhora
Que a vida piora
por causa do samba,
Madame diz o que samba
tem pecado
Que o samba é coitado
e devia acabar,
Madame diz que o samba
tem cachaça,
mistura de raça
mistura de cor,
Madame diz que o samba
democrata, é música barata
sem nenhum valor,
Vamos acabar com o samba
madame não gosta que ninguém
sambe
Vive dizendo que samba
é vexame
Pra que discutir
com madame

No carnaval que vem
também concorro
Meu bloco de morro
vai cantar ópera
E na Avenida entre
mil apertos
Vocês vão ver gente
cantando concerto
Madame tem um parafuso
a menos

Só fala veneno meu
Deus que horror
O samba brasileiro
democrata
Brasileiro na batata
é que tem valor

Madame sagt, das Volk
wird auch nicht besser
Und der Samba macht
alles nur noch schlimmer
Madame sagt, im Samba steckt die Sünde,
armselig sei er und dass
endlich Schluss damit sein müsse
Madame sagt, im Samba steckt der Schnaps,
er vermische die Rassen,
vermische die Farben
Madame sagt, Samba sei so volksnah,
billige Musik ohne jeden Wert
Lasst uns mit dem Samba aufhören,
Madame will nicht, dass wir Samba spielen
Sie sagt immer, Samba sei eine Schande
Wozu groß mit Madame diskutieren?

Beim nächsten Karneval
bin ich auch dabei
Mein Favela-Block
singt eine Oper
Und auf der Avenida im Gedränge
seht ihr die Leute Konzerte singen
Madame hat eine Schraube locker
Sie giftet dauernd rum,
mein Gott, es ist wirklich schlimm

Der echte brasilianische Samba,
der des Volkes, ist es,
der etwas wert ist

Es ist nicht »Hô-bá-lá-lá«, es ist »Pra que discutir com madame« (»Wozu mit Madame diskutieren?«), ein Lied des Komponisten Heitor Barbosa, das sich auf Joãos Platte *Eu sei que vou te amar* befindet – aber es ist auch völlig egal, ob es »Hô-bá-lá-lá« ist oder nicht, denn es ist perfekt. Der Rhythmus federt schwerelos, jeder Akkord klingt voll und auf den Punkt genau gegriffen, kein einziger Ton schnarrt; es ist so, als würde nicht eine Gitarre spielen (vor allem nicht meine), sondern zwanzig, dreißig Gitarren, die alle genau dasselbe tun; und Anselmos Gesang verbindet sich mit jeder Harmonie. Es ist eine Mischung aus Mathematik und absoluter Schönheit.

Und als ich die Augen schließe und nur höre, verschwindet alles andere um mich herum; das Geschnatter der Gäste, die seltsame Samba-Band, die immer noch rasselt, der Straßenlärm, der von der Avenida Atlântica zu uns herüberdringt. Und ich sehe João, in mehreren Versionen: als jungen Mann in Copacabana, in dem weißen Halbarmhemd, das er immer trug; als Mittvierziger bei einem Konzert in Salvador, in Anzug und Loafers, während er dem Publikum fast wütend erklärt, dass er sich nur in Bahia so wirklich wohl fühle; und als alten Mann mit Brille bei seinem letzten Konzert in Rio 2008, zum fünfzigsten Geburtstag der Bossa Nova, wo er so leise spielte, dass die Zuhörer sich nicht mal zu flüstern trauten.

Boscoli und Miele hatten recht: Anselmo ist eine João-Inkarnation; es gibt eine Verbindung. Und diesen Mann musste João nicht mal treffen, um ihn anzustecken. Anselmo hat er unsichtbare Sporen geschickt, die sich in ihm eingenistet haben, tiefer als in allen anderen. Leichtes Gift.

Es ist ganz und gar unglaublich, und vier Minuten später sitzen Watson und ich mit offenen Mündern da. Und alle anderen, die eben noch geredet, gestritten oder gelallt haben, schweigen ebenfalls. Selbst wenn sie Anselmo schon kennen, scheint es sie immer wieder zu überraschen, wenn er spielt.

»Unglaublich«, sagt Watson und klatscht.
»Unfassbar«, sage ich.

Anselmo reagiert gar nicht groß darauf, sondern beginnt gleich das nächste Stück, »Samba de minha terra« von *O amor, o sorriso e a flor*, und nun ändert sich die Atmosphäre in und um das »Bip Bip« komplett: Passanten kommen von überall her, ziehen Stühle heran, bilden einen Halbkreis um Anselmo; und einige der Saufnasen greifen sich leere Bierdosen und schnipsen im Samba-Beat dazu; ein anderer imitiert mit dem Mund eine Trompete, die genau zu dem Stück passt; kurz darauf kommt eine fremde Frau dazu, die im nächsten Lied praktisch im Vorbeigehen den weiblichen Gesangspart übernimmt. Eine Party entsteht, deren Zentrum Anselmos Musik ist, und sie ist wunderbar und warm, und wenn der Mond sich nun zurückziehen und mitten in der Nacht die Sonne aufgehen würde, wäre das auch kein großes Wunder mehr.

Allerdings gibt es auch ein Problem. Es kommt heraus, als Anselmo immer weniger João und immer mehr selbstgeschriebene Stücke spielt. Sie sind das komplette Gegenteil von Joãos Stil: schwere, schleppende Fado-Chansons mit zu vielen Solos und zu viel leidendem Gesang. Anselmo will sich mit ihnen von João distanzieren, seine eigene Stimme finden, aber es funktioniert nicht: Brillant ist er nur als Kopie. Das ist sein Schicksal und der Grund für sein Verschwinden in der Anonymität – dass er hin- und hergerissen ist zwischen dem, was er kann, und dem, was er können möchte. Joãos Geschenk ist auch Joãos Fluch.

Noch lange sitzen wir da und singen in dieser Nacht. Meine Gitarre findet viele Freunde, jeder verliebt sich in sie, sogar Chef Alfredinho für ein paar Sekunden, und am Ende kippen die Bewohner des Hauses über dem »Bip Bip« uns sogar Wasser auf die Köpfe. Für einen kurzen Moment ist es wie 1958; für einen kurzen Moment ist es so, als sei die Welt immer noch Bossa Nova.

»Warum haben Sie ›Hô-bá-lá-lá‹ nicht gespielt?«, frage ich Anselmo noch, bevor Watson und ich uns verabschieden.
»Ich fühlte mich nicht danach«, sagt er. »Und Gefühl ist wichtig in der Musik, mein Freund. Man bestellt sie nicht einfach wie Geschnetzeltes oder so.«
»Danke, Anselmo, für alles.«

Aber da spielt er schon wieder weiter.

Die Sache mit der Katze

Große Verwirrung nach dem Abend mit Anselmo: Zum ersten Mal habe ich Joãos Bossa Nova in Reinform gehört, live, mit einem Haufen Leute, so, wie es damals gewesen sein muss – aber glücklich bin ich trotzdem noch nicht. Es fühlt sich so an, als hätte ich Sex mit einer sehr schönen Frau gehabt, die der, die ich liebe, zum Verwechseln ähnlich ist, so redet, geht, sich bewegt wie sie – aber eben trotzdem nicht *sie* ist.

Es fühlt sich also schrecklich an – umso schrecklicher, weil mir nicht mehr viel Zeit bleibt, den echten João zu treffen. Nur noch wenige Tage, darum muss ich jetzt handeln, mit aller Entschlossenheit, denn von Otávio Terceiro kam nichts mehr, nachdem ich ihm noch mehrere E-Mails geschickt hatte mit der Bitte um ein Date mit João; und von Claudia gibt's auch keine Neuigkeiten. Ihr Computer ist immer noch kaputt. Außerdem ist sie gerade in São Paulo. Und São Paulo ist vieles, nur nicht Rio.

Das Schlechte daran: Meine Chancen, João zu treffen, steigen damit nicht gerade, es sei denn, Miúcha kann noch was ausrichten. Das Gute daran: Ich bin nicht mehr auf die Gunst seiner Bekannten als Türöffner angewiesen. Not und Verzweiflung sprechen mich frei zu tun, was ich will. Ich kann alles versuchen, um selber an João heranzukommen, mit allen mir zur Verfügung stehenden Mitteln.

Ich muss.

Und als ich beim Souvenir-Shoppen in Copacabana an einer Tierhandlung vorbeikomme, habe ich die Idee: Ich schenke ihm eine Katze. Katzen sind es doch, denen er sich zeit seines Lebens am nächsten gefühlt hat. Mit so einer niedlichen kleinen Miezekatze, die ich ihm in einem durchlöcherten Karton vom Portier bringen lasse, gewinne ich sein Herz. Katzen verführen jeden. Sie wird ihn an Ze, Gato, Romainha und all die anderen erinnern; er wird mit ihr reden können wie Nakata aus dem Murakami-Buch. Mit einer Katzengabe zeige ich ihm, noch viel mehr als mit dem Donato-Joint, dass ich sein Innerstes verstehe; sein Bedürfnis nach etwas Weichem, Flauschigem, das ihn weder interviewen, ausnutzen noch sonst wie belästigen will.

Es ist sozusagen ein Geschenk, das man nicht ablehnen kann – bisschen sanfter Terror auch, aber diese Sprache versteht ja kaum einer so gut wie João.

Mittlerweile denke ich wie er.

Entschlossen und voller Vorfreude betrete ich darum die Tierhandlung.

Warm und muffig ist es dort, von überall piept, kläfft und maunzt es. Streifenhörnchen rattern in Käfigen, Meerschweinchen schnüffeln herum, Hundewelpen balgen sich, Finken zwitschern, Papageien wickeln ihre dicken Zungen um die Gitterstäbe ihrer Käfige. Welch seltsame Orte doch die Tierhandlungen dieser Welt sind.

Ein Verkäufer kommt auf mich zu, er trägt einen grünen Kittel, darauf ist ein Hund abgebildet.

»Bom dia!«
»Bom dia!«
»I'd like to buy a cat, please.«
Er schaut mich etwas dumpf an.
»Miau«, sage ich, recke die Hand, mache niedliche Pfotenbewegungen.
»Gata!«, sagt er.

An den beschriebenen Kleintiergefängnissen und Futterregalen vorbei führt der Herr mich in den hinteren Teil des Ladens. Dort, in etwas größeren, mit Decken und Gummispielzeug ausgelegten Bodenkäfigen, befinden sich die Katzen. Fünf Stück sind im Angebot: zwei graue, eine grau-weiße, eine schwarze, eine schwarz-weiße. Die schwarz-weiße ist mir sofort die sympathischste. Sie hat drei weiße und eine schwarze Pfote, sie wirken so sanft wie die Samtkissen des Sonnenkönigs. Ich beuge mich runter zu ihr und schaue ihr in die dunklen Augen: zart und wunderschön glitzert es darin, tief und unergründlich. Kein Zweifel: Das ist meine Bossa-Nova-Katze.

Ich lasse sie mir von dem Verkäufer geben. Erst streicheln, dann kaufen, so geht meine Philosophie.

»Muito bom«, sage ich anerkennend.
Verkäufer nickt.
»Wie viel?«, frage ich irgendwie.
»280 Reais«, schreibt der Verkäufer auf einen Zettel. Sind ungefähr 130 Euro. Ein Schleuderpreis, bedenkt man, dass ich damit Joãos Herz und Vertrauen gewinne.

Allein ich bring's nicht fertig. Nicht, solange ich der Katze ins Gesicht sehen muss, und ich muss ihr andauernd ins Gesicht sehen. Zu klein, zu verletzlich, zu vertrauensvoll schaut sie mich an. Unmöglich, sie in eine Kiste zu stecken und einem Mann vor die Tür zu stellen, den ich nicht kenne.

Nein, diese Katze ist es nicht. Und eine andere auch nicht.

Mit hängendem Kopf verlasse ich die Tierhandlung, setze mich ins nächste Restaurant, bestelle ein Bier und rufe Watson an.

»Watson, ich bin verzweifelt.«
»Ich weiß«, sagt Watson.
»Watson, du musst kommen«, sage ich.
»Watson ist unterwegs«, sagt Watson.

Zwanzig Minuten später ist Watson da.

»Ich muss direkt an João heran«, sage ich. »Das Problem ist nur: Ich muss es auf eine Art tun, die noch niemand vor mir versucht hat, weil er ja immer alle abgelehnt hat. Ich muss es sozusagen auf *unvergessliche* Art und Weise tun.«
»Noch mehr Drogen vielleicht?«, fragt Watson.
»Was einmal nicht klappt, klappt auch zweimal nicht«, sage ich. Ich erzähle Watson von der Sache mit der Katze.
»Genial!«, lobt Watson.
»Nicht für die Katze.«
»Hmh«, sagt Watson. »Schwierig, das alles. – Was hast du da in der Tüte?«
Watson zeigt auf den Beutel neben meinem Stuhl.
»Souvenirs und ein paar Haushaltssachen.«
»Lass mal sehen«, sagt Watson.

Ich zeige ihr, was ich gekauft habe: ein paar kleine Corcovado-Mini-Jesusse aus Messing; Postkarten; einen Schreibblock; eine Tüte mit sogenannten »Dschungeltieren zum Spielen« (Elefant,

Gepard, Löwe, Antilope, Giraffe, dazu ein Baum) für den Sohn meiner Freundin; einen silberschwarz karierten Kulturbeutel, eine Tube Zahnpasta.

»Das ist nicht viel, aber man kann was draus machen«, sagt Watson und fängt an, Dinge aus dem Haufen zusammenzusuchen: einen kleinen Jesus, die Tüte mit den Dschungeltieren. Watson schlägt ihren Notizblock auf und reicht ihn mir rüber:

»Schreib ihm einen Brief. Sag ihm, was du von ihm willst. Und den bringst du ihm dann.«

Dies ist der Brief, den ich schreibe:

Lieber João Gilberto,

gute Neuigkeiten: Immer mehr stoße ich in das Herz der Bossa Nova vor, das für mich das Herz der Schönheit ist. Allein ich kann dieses Herz nicht verstehen, solange ich Sie nicht gehört habe, Mr. Gilberto – und viel Zeit bleibt mir nicht mehr. Ich schlage daher vor, ich komme einfach mal bei Ihnen vorbei, Sie spielen mir Ihr Meisterwerk »Hô-bá-lá-lá« vor, und ich verschwinde wieder. Reden müssen wir gar nicht groß. Wunderbare Idee, nicht wahr? Meine Nummer ist 8109–1372.

Beste Grüße
MF

»Wunderbar«, sagt Watson, nachdem sie den Brief übersetzt hat. Dann nimmt sie den kleinen Jesus und klebt ihn mit einem Streifen Tesafilm, den sie beim Kellner bestellt hat, am Kopf des Briefes fest, gleich neben die Anrede. Dazu legt sie die Packung mit den Dschungeltieren.

»Wenn schon keine Katze, dann wenigstens Jesus und was zum Spielen«, sagt Watson.
»Das kann er nicht ablehnen«, sage ich.
»Das kann niemand ablehnen«, sagt Watson.
»Nur ein kaltes Herz.«

Ich stecke alles in den Kulturbeutel, ziehe den Reißverschluss zu, schreibe mit schwarzem Filzstift: *Für João Gilberto* darauf, stecke es in die Bauchtasche meines Mexican-Baha-Surfers, zahle die Rechnung, verabschiede mich von Watson, halte ein Taxi an, sage »Rua Carlos Góis«, steige dort aus, klingle an der Gittertür, wo damals auch Otávio klingelte, werde eingelassen, drücke dem Concierge, einem kleinen, dicken Schnauzbartträger im hellblauen Kurzarmhemd, den Beutel in die Hand, zeige fünfmal auf den Namen, woraufhin der Concierge eifrig nickt und das »Daumen hoch«-Zeichen macht, das sie hier alle machen und für das ich ihm mehrfach und überschwänglich danke, und renne aus dem Haus. Wie sehr mein Puls rast, merke ich erst, als ich wieder auf der Straße stehe.

Kontakt, denke ich, Kontakt!

Miúcha

»Sie wirken erschöpft«, sagt Miúcha, als sie aus dem Aufzug des »Rio Flat Apart Hotel« tritt – dem Ort, an dem diese ganze Geschichte begann. Amarildo arbeitet heute nicht, dafür ein anderer, dickerer Concierge mit rasiertem Kopf.

»Außerdem sind Sie ziemlich blass.«

Schon nach zwei Sekunden ist klar, dass dieser Frau nichts vorzumachen ist. Sie ist die Tochter des brasilianischen Sozialwissenschaftlers und Vorzeige-Intellektuellen Sérgio Buarque de Holanda; sie ist die Schwester der Musikerlegende Chico Buarque, der seit ein paar Jahren auch Romane schreibt und dafür einen Literaturpreis nach dem anderen kassiert; sie ist eine wunderbare Sängerin, die mit Vinicius de Moraes und Tom Jobim zusammengearbeitet hat; sie ist Joãos Exfrau – klein, mit kurzem schwarzem Kräuselhaar und einem fordernden, aber niemals unangenehmen Blick. Und sie strahlt eine unfassbare Energie aus, obwohl sie bis vor ein paar Tagen mit Lungenentzündung in einem Krankenhaus in Buenos Aires gelegen hat.

»Ich weiß.«
»Wegen dieser Bossa-Nova-Sache? Come on!«
»Wegen allem, Miúcha.«
»O mein Gott. Ich schlage vor, dass wir etwas essen und trinken, oder?«
»Gute Idee.«

Das Restaurant, ein Italiener, liegt genau neben dem Hotel. Wir setzen uns, bestellen Wein.

»So«, sagt Miúcha, und zum ersten Mal habe ich das Gefühl, dass ich berichten muss; dass ich interviewt werde. Also erzähle ich ihr, wen ich alles getroffen habe auf meiner Reise zu João; ich erzähle von Donato, Menescal, Marcos, von Otávio, Claudia, Anselmo und all den anderen. Und davon, wie viele verschiedene Versionen und Geschichten ich gehört habe; und dass ich langsam etwas ratlos bin, welche davon nun stimmen und welche nicht.

»Sie stimmen natürlich alle, weil jeder, der eine erzählt, sie glaubt«, sagt Miúcha. »Es gibt so viele Versionen, wie es Leute gibt. Alle sind Interpretationen, wie Joãos Lieder. Freuen Sie sich drüber!«
»Was ist Ihre Geschichte, Miúcha?«
»Mit João?«
»Auch.«
»Nun, eins sag ich dir: Ich war lange mit ihm verheiratet, und wir haben eine Tochter zusammen. João ist sehr geheimnisvoll, sehr tief in sich drin. Und ich werde den Teufel tun, dir diese Geheimnisse zu erzählen. Weil ich sie achte. Und weil ich weiß, dass er sie braucht.«
»Okay. Was können Sie mir erzählen?«
»Frag einfach.«
»Wie haben Sie ihn kennengelernt?«
»Es war 1962. Ich war ein junges Mädchen damals und lebte in Paris. Studierte Kunstgeschichte dort. Eigentlich wollte ich aber Sängerin werden. Ich traf eine chilenische Komponistin, Violeta Parra, und einen Haufen anderer Südamerikaner. Sie gingen abends oft in eine Bar in Saint-Germain, ›La Candelaria‹. Da fing ich irgendwann an zu singen. Eines

Abends kam João vorbei, der zu der Zeit in Europa spielte. Er hatte gehört, im ›La Candelaria‹ singe eine Brasilianerin. Das hat ihn interessiert.«

»Und, wie ging's weiter?«

»Wir fingen an auszugehen, immer als große Gruppe. Südamerikaner sind so, weißt du, besonders wenn sie im Ausland leben. Eines Nachts wollten wir noch irgendwohin, waren zu acht, hatten aber nur ein Auto. Also klemmten wir uns da alle hinein, was verboten war, dazu hatte der Fahrer getrunken, glaube ich. Als ich das erwähnte, sagte João: ›Wenn wir von der Polizei angehalten werden, rennen wir alle im gleichen Augenblick los, in acht verschiedene Richtungen. Keine Polizei der Welt kann uns dann aufhalten.‹ Irgendwie mochte ich diese Vorstellung.«

Ein typischer João-Gedanke.

»Wie war's, als Sie ihn zum ersten Mal spielen hörten?«

»So, als hätte ich vorher alles in Schwarz-Weiß gesehen und auf einmal hat jemand den Farbfilm erfunden. Es hat mich tief berührt und alles verändert – für uns alle. 1964 zog ich dann zu ihm nach New York, wo sich die Jazzmusiker sehr für uns interessierten. Ende 1969 wurde João für ein paar Konzerte nach Mexiko eingeladen, wir verliebten uns sofort in das Land, und als João die Höhenkrankheit bekam, mieteten wir uns ein gigantisches japanisches Haus zwischen Mexico City und Toluca. Wir waren sehr glücklich da, João nahm seine Platte *João Gilberto in Mexico* auf – das ist die, auf der ›Bésame Mucho‹ ist und er ab und zu auch mal ein Gitarrensolo spielt. Etwas über zwei Jahre lebten wir dort. So, und jetzt würde ich gern was zu essen bestellen, eine Penne oder so was. Und da kommt übrigens meine Freundin Georgina de Moraes. Ich hab ihr gesagt, dass wir uns hier treffen. Sie ist die Tochter von

Vinicius, die erste aus seiner zweiten Ehe. Georgina! Georgina! Hier sind wir, Darling!«

Georgina, eine elegante schlanke Frau in den Fünfzigern, kommt zu uns, bestellt sich ebenfalls Wein und Pasta – und sofort passiert, was immer passiert, wenn Freundinnen aufeinandertreffen. Das Gespräch geht in alle möglichen Richtungen. Wir verlieren João aus den Augen und reden über Käse (»Die Leute essen zu viel davon«), die neue Präsidentin Dilma, Stefan Zweig, Berlin in den dreißiger Jahren, die Ölfunde vor der Küste etc. Georgina erzählt, wie sie mit ihrem Vater und Jobim auf Tour war, wie die beiden in Frankreich so getan haben, als könnten sie französisch sprechen; wie sie sich Wörter ausgedacht haben, die's nicht gibt; wie sie sich Witze und sanfte Beleidigungen zuwarfen, auf die der andere reagieren musste. Es klingt nach großer Freundschaft und Wärme, und mit jeder Geschichte, die Georgina erzählt, wird klar, wie sehr sie ihren Vater vermisst. Und wie sehr er Brasilien fehlt.

»Kann ich mal an deiner Zigarette ziehen?«, fragt Miúcha, als ich mir auf der Straße eine anzünden will.
»Nein!«, sagt Georgina. »Du bist jetzt seit drei Tagen runter von dem Zeug.«
»Mag sein, aber was wir tun müssen, müssen wir tun«, sagt Miúcha. »Sonst sehnen wir uns den Rest unseres Lebens danach.«

Von allein kommt sie irgendwann auf João zurück.

»Im Prinzip ist es ganz einfach, viel einfacher, als die Leute denken: João hatte nie Angst, nach vorn zu sehen. Er hat sein Leben und seinen Geist riskiert für das, was er gefunden hat. Er *muss* ganz einfach anders sein.«

»Sie scheinen die Einzige zu sein, die ein ausgeglichenes Verhältnis zu ihm hat – wie kommt's?«
»Ich versuche weder, ihn zu ändern, noch ihm zu gefallen. Daran vielleicht.«
»Ich will ihn auch nicht ändern, einfach nur ›Hô-bá-lá-lá‹ spielen hören.«
»Jeder will das.«
»Wann waren Sie zuletzt bei ihm?«
»Gestern. Und eins kann ich dir sagen: Er wird immer besser, mit jeder Stunde, die er spielt. Morgen geh ich wieder hin.«
»Nehmen Sie mich mit?«
»Nein, aber du kannst ihm eine Nachricht hinterlassen. Vielleicht meldet er sich.«
»Gerade gemacht.«
»Viel Glück.«

Es ist spät in der Nacht, als ich die beiden verlasse.

Hobalala II

Der Kampf um Rio ist im vollen Gang. Fünf Tage brauchten Militär- und Polizeitrupps, um die Favela Vila Cruzeiro vom Drogenkartell »Rotes Kommando« zurückzuerobern. Straßensperren, Häuserkämpfe, brennende Busse, dreißig Tote, hundertfünfundzwanzig Festnahmen. Es ist so, als würden sie *Tropa de Elite 3* drehen. Es ist nicht Bossa Nova – bei der fließe kein Blut, sagte João mal.

»Meine Freunde und ich, wir sind alle Träumer«, sagte César G. Villela, der Grafiker, mit dem ich vor Wochen unterwegs war, als ich ihn fragte, warum er nur noch Don Quichotte male in unzähligen Variationen.

Ich habe das »Copacabana Palace« verlassen und bin für die letzten paar Tage in eine kleine Einzimmerwohnung ein paar Straßen weiter runter gezogen, unweit vom Arpoador, dem kleinen Hügel, der Copacabana und Ipanema voneinander trennt. Ich war ein paarmal mit Laura, Cristian und den anderen aus dem Ipanema Penthouse am Strand; abends waren wir zum Biertrinken in verschiedenen Bars. Watson lud mich zu seinem vierzigsten Geburtstag ein, wir sangen Karaoke zu Elvis-Presley- und Beatles-Songs. Watson hat sie alle umgehauen, sie hat eine Stimme wie Beth Ditto. Abgesehen davon ging ich viel spazieren. Einmal kam ich an der ›Toca do Vinicius‹ vorbei und sah durchs Fenster, wie Carlos gerade zwei japanischen Touristen mit fuchtelnden Armen seine Geschichten erzählte. Das wird sich nicht ändern, solange er lebt. Einen Tag fuhr ich mit der Fähre nach Niterói, um mir Oscar Niemeyers berühmtes Kunstmuseum anzusehen, diese flache weiße Untertasse auf dem Hügel. Es ist ein wunderbarer Bau, nur die Kunst hat keine Chance darin. Sie schafft es nicht, gegen das Museum zu bestehen.

Ich versuchte, mich wenig bis gar nicht mit João zu beschäftigen. Es war nötig irgendwie, und erst jetzt merkte ich, wie anstrengend es ist, jemandem nahekommen zu wollen, der das mit aller Kraft ablehnt. Es war daher eine Befreiung, einmal nicht ständig an ihn zu denken.

Und dann geschieht doch noch was.

Es ist kurz nach vier Uhr morgens, als mein Handy klingelt und mich aus dem Schlaf reißt. An die Zeit erinnere ich mich, weil sich das plötzliche Leuchten des Displays in der völligen Dunkelheit in meine Netzhaut eingebrannt hat.

»Hello?«, melde ich mich, noch zu drei Vierteln in der Tiefschlafphase.

Wer immer auch am anderen Ende der Leitung ist, er oder sie sagt kein Wort. Ich höre bloß ein Knistern und jemanden atmen, wie ich mir einrede. Und dann das:

Dju, ndju
bop n bo
Dju, ndju
Nbop nbo

É amor o hô-bá-lá-lá
Hô-bá-lá-lá uma canção
Quem ouvir o hô-bá-lá-lá
Terá feliz o coração

O amor encontrará
Ouvindo esta canção
Alguém compreenderá
Seu coração

Vem ouvir o hô-bá-lá-lá
Hô-bá-lá-lá
Essa canção

Es ist Liebe, das Hô-bá-lá-lá
Hô-bá-lá-lá, so geht das Lied
Jeder, der es hört, das Hô-bá-lá-lá,
Wird glücklich im Herzen

Wird die Liebe finden,
Wer dieses Lied hört
Jemand wird verstehen,
Wie es in deinem Herzen aussieht

Komm und hör, das Hô-bá-lá-lá
Hô-bá-lá-lá, ja, dieses Lied

Und bevor ich noch weiß, was passiert ist, ist die Leitung auch schon tot. Ich reibe mir den Schlaf aus den Augen, drücke sofort auf Rückruf, aber da kommt nur die Stimme einer Ansagerin, die eine Nummer wiederholt, die ich nicht mal zur Hälfte verstehe.

Wer war das nun?

João, der mein Bitten erhört hat und mir jetzt auf diese Art eine Antwort schickt? Die Zeit würde zu ihm passen. Der Humor, einfach eine Platte abzuspielen, ebenfalls.

Otávio, der sich, vielleicht mit João, vielleicht ohne ihn, einen Spaß erlaubt?

Claudia, die noch mal ihren Punkt klarmachen will, dass nichts auf der Welt João so sehr verkörpert wie diese ersten Aufnahmen?

Watson, die Mitleid mit mir hat und sich vielleicht sogar ein bisschen dafür schämt, dass wir nach all unseren Nachforschungen trotzdem nicht ganz an João herangekommen sind?

Viele haben meine Nummer. Viele wissen, worum es auf dieser Suche von Anfang an gegangen ist: um das Puzzle »Hô-bá-lá-lá«.

Ich liege noch lange wach in dieser Nacht. Dann, um sechs Uhr morgens, rufe ich Watson an, zum letzten Mal.

Vista Chinesa

»Es ist sehr gefährlich, was wir hier tun, ich hoffe, du weißt das«, sagt Watson, die darüber hinaus noch wütend ist, dass ich sie so früh geweckt habe.
»Wenn João das kann, können wir's auch«, sage ich.
»Hmmrpf«, macht Watson und schaut aus dem Fenster. Sattes Grün links und rechts, das jetzt, während die Sonne immer höher steigt, langsam ein wenig zu leuchten beginnt.

Das Taxi windet sich durch den Nationalpark Tijuca den Hügel hinauf, und Watson hat nicht ganz unrecht: Ein Großteil der schmalen Straße liegt an den Ausläufern einer Favela, an der immer wieder Autos gestoppt und überfallen werden. Als einigermaßen sicher gilt die Gegend erst ab zehn, elf Uhr morgens. Ich versprach dem Fahrer den doppelten Betrag, falls er uns trotzdem hinbringen würde.
Unser Ziel ist Vista Chinesa, ein Aussichtspunkt, von dem aus man die ganze Stadt überblicken kann. Es ist der Ort, an den sich João, wie Koch Garrincha erzählt hatte, ab und zu kurz vor dem Schlafengehen fahren lässt – und zum Geräusch des laufenden Motors auf Rio schaut.

Sofort nach dem Anruf war mir klar, dass ich herkommen müsste. Watson habe ich nichts von dem »Hô-bá-lá-lá«-Phänomen erzählt. Sollte sie was damit zu tun haben (was ich nicht glaube), würde ich damit ihr Geschenk zerstören. Falls nicht, würden wir die Sache nur zerreden.

So bleibt es ein Mysterium.

»Wir sind da«, sagt der Fahrer.

Eine chinesische Pagode erscheint vor uns. Sie steht am Rand eines Hügels; die auf Bambus gestylten Metallträger leuchten gelb in der Morgensonne.

»Den Motor bitte schön laufen lassen«, sage ich.
Der Fahrer sieht mich an, als sei ich nicht ganz dicht.
»Aus atmosphärischen Gründen«, erklärt Watson.

Vögel zwitschern, als wir aussteigen, vielleicht auch der Sabiá, von dem Donato erzählt hat. Ihr Gesang vermischt sich mit dem Motortuckern. Keine Ahnung, was es zu bedeuten hat.

Unter uns, knapp vierhundert Meter tiefer, liegt Rio de Janeiro. Der Himmel ist bedeckt, aber trotzdem können Watson und ich alles deutlich erkennen: Ganz links begrenzt der Zuckerhut das Bild, dann folgt die geschwungene Linie von Copacabana, der Arpoador, die Strände von Ipanema und Leblon, dahinter die Lagune, weiter rechts Cerro Dos Hermanos, der Berg mit den zwei Spitzen. Am äußersten Rand: Meister Jesus. Auf den Hügeln dazwischen die Favelas, die jetzt still und friedlich wirken und drum herum, wie Zahnfüllungen, Hochhäuser, Geschäftsgebäude, Siedlungen, Apartmentkomplexe.

Sogar das »Rio Flat« und das Haus, in dem João jetzt lebt, sind zu erkennen.

»Was er wohl gerade macht?«, fragt Watson.
»Nach unseren Berechnungen müsste er jetzt Gitarre spielen«, sage ich. »Seit ziemlich genau zehn Stunden. Oder er bestellt

sich grad was zu essen und schaut aus dem Fenster. Oder baut die Dschungeltiere auf, die wir ihm geschickt haben.«

»Höchstwahrscheinlich gibt's nur zwei Wege, die Welt zu sehen: Entweder alles ist verrückt, oder alles ist normal«, sagt Watson, auf einmal ganz philosophisch gestimmt an diesem Frühmorgen. Ein leichter Wind weht durch ihre Locken, vielleicht liegt's daran.

»Warum haben wir ihn nicht gefasst, Watson? Wir haben doch alles versucht!«

»Weil die Sehnsucht nicht zu fassen ist, Sherlock, von niemandem. Und João ist die Sehnsucht selbst.«

Ich starre Watson an.

Alle, die in dieser Geschichte was mit João zu tun hatten, sehnen sich nach etwas: Claudia danach, ein Leben mit ihm zu führen; Lulu nach einem Vater, der auch mal mit ihr nach draußen geht; Otávio nach Respekt; Donato danach, mal wieder ordentlich einen mit João durchzuziehen. Garrincha würde ihm gern mal wieder ein Steak grillen; Anselmo träumt davon, mit ihm zu spielen; Lourdes und Geraldo würden sich freuen, wenn er mal wieder in Diamantina vorbeischaute. Carlos wünscht sich nichts sehnlicher, als eines Tages João im Laden stehen zu sehen und sich von ihm zu seinem Archiv gratulieren zu lassen; Miúcha hofft darauf, dass er sich noch einmal zusammenreißt und den Zauber hervorbringt, den nur er hervorbringen kann. Und selbst der zufriedene Menescal hätte sicher nichts dagegen, wenn João eines Tages mal anriefe und sich für die vielen Gitarren bedankte und die gute Zeit, die sie damals alle zusammen hatten. Und wer weiß schon, worüber Tom Jobim und Vinicius de Moraes im Grab, im Himmel oder im Club der großen Dichter und Komponisten des Jenseits so nachdenken.

Niemand, der João traf, kann ihn je wirklich vergessen. Weil er, wie der schlaue Watson richtig sagt, die Sehnsucht selbst ist – schon immer war, von Anfang an. Er ist ungreifbar wie sie, körperlos wie sie, nachts am lebendigsten wie sie. Er ist unzufrieden wie sie, launisch wie sie, schön wie sie, verletzend wie sie. Er sucht ständig und findet nie ganz – weil die einzig wahre Sehnsucht immer und immer in einem endlosen Raum widerhallt. In uns. Dort bleibt sie unbeantwortete Frage, auf ewig.

Das ist *sein* Fluch. Das ist Bossa Nova.

»Alles Gute, João. Thank you for the music«, sage ich zu ihm. Und dann: »Lass uns abhauen, Watson.«

Eine gelbe Blüte liegt neben dem Taxi, als wir einsteigen. Ich hebe sie auf. Wie sie heißt, will ich vom Fahrer wissen.
»Algodoeiro«, sagt er.

Zwei Tage später fliege ich zurück nach Deutschland. Als ich ankomme, ist dort nichts mehr so, wie es vorher war.
Sehnsucht, immer wieder Sehnsucht, überall:

Geh, mein Kummer, geh,
Und sag ihr, dass es
Ohne sie nicht geht
Schick ihr ein Gebet,
Damit sie versteht,
Dass ich nicht länger
Leiden kann

Schluss mit der Sehnsucht,
Die Wahrheit ist,
Ohne sie find ich keinen Frieden,

Alles ist trist
Nichts als Kummer,
Und die Melancholie
Lässt mich nicht los,
Lässt mich nicht los

Aber wenn, wenn sie zurückkäme,
O wie schön,
Wie toll wäre das
Denn im Meer da schwimmen
Längst nicht so viele Fische,
Wie ich ihr Küsse
Auf den Mund geben werde

In meine Arme nehm ich sie und
Halt sie fest
Immer wieder, tausendmal
Ganz nah, ohne ein Wort
Halt ich sie fest,
Küsse und streichle sie
Endlos

Damit endlich Schluss ist
Mit diesem Unsinn,
Dass du so weit weg bist
Ich will, dass endlich
Schluss ist damit,
Dass wir beide
Nicht zusammen sind

Literatur

Bernecker, Walther L. / Pietschmann, Horst / Zoller, Rüdiger: *Eine kleine Geschichte Brasiliens.* Frankfurt / Main: Suhrkamp 2000

Castro, Ruy: *Bossa Nova – The Sound of Ipanema.* Höfen: Koch International GmbH / Hannibal 2006

–: *Rio Bossa Nova*. Rio de Janeiro: Casa da Palavra 2009

–: *Rio de Janeiro*. London: Bloomsbury 2004

Chamisso, Adalbert von: *Peter Schlemihls wundersame Geschichte*. München: dtv 1999

Freland, François-Xavier / Mirguet, Olivier: *Sarava!*. Paris: Naive 2005

Garcia, Walter: *Bim Bom*. São Paulo: Paz e Terra 1999

Jun'ichiro, Tanizaki: *Lob des Schattens*. München: Manesse 1989

Montaigne, Véronique: »Rencontre avec João Gilberto«, in: *Le Monde* 23.5.1991

Motta, Nelson: *Noites Tropicais.* Rio de Janeiro: Objetiva 2000

Schreiner, Claus: *Música Popular Brasileira.* Marburg: Tropicál Music 1985

Time Out »Rio de Janeiro«. London: Time Out Group Ltd. 2007

Wagner, Richard: *Gesammelte Schriften und Dichtungen*. Boston: Adamant Media Corporation 2001

Yogananda, Paramahansa: *Autobiography of a Yogi*. Los Angeles: Self-Realization Fellowship 1998

Zweig, Stefan: *Brasilien – Ein Land der Zukunft*. Frankfurt / Main: Insel 1997

Muito obrigado

Rachel Balassiano – Roberto Menescal – Marcos Valle – João Donato – Miúcha – Joyce – Claudia Faissol – Lulu – Ruy Castro – Nelson Motta – Jorge Cravo – Miele – Anselmo – Otávio Terceiro – Garrincha – Toshimitsu Aono – Ricardo Cravo-Albin – Joe Davis & Far Out Crew – MC Gringo – Johanna von Rauch – Daniel Haaksman – Nicolai von Schweder-Schreiner – Johann Buchholz – Christoph Dallach – Detlef Diederichsen – Eduardo & Francisco Pereira – Gerald Seligman – Carlos Lyra – Magda Botafogo – Ronald Barnabas Schill – Tropicália Discos – Bernardo Lima e Silva – Wander Conceição – Geraldo Miranda – Copacabana Palace Hotel – Ipanema Penthouse – Ricardo Verzola – Otmar Jenner – Uwe Kopf – Georgiana de Moraes – Herbert & Hilde – Dominik Imseng – Walter Schönauer – Gay Talese – Bram Stoker – Stephenie Meyer – Sir Arthur Conan Doyle – Peter Falk – Georges Simenon – Jana – João Gilberto

Tafel 1–5 João Gilberto in Copacabana. Fotosession für *Chega de Saudade*, 1959
Tafel 6–8 João Gilberto, Gitarrenphilosoph. Fotosession für *O amor, o sorriso e a flor*, 1960